be kind to yourself

be kind to others

be kind to the planet

Green Message

The greatest threat to our
planet is the belief that
someone else will save it.

우리 행성에 대한 가장 큰 위협은
다른 누군가 구해줄 거라는 믿음이다.

-로버트 스완, 작가

Buy less, choose well.

덜 사고, 잘 고르자

-비비안 웨스트우드, 패션 디자이너

We shall require a substantially
new manner of thinking
if mankind is to survive.

인류가 살아남으려면
상당히 새로운 사고방식을 필요로 한다.

-알버트 아인슈타인

As consumers, we have
so much power to change the world
by just being careful
in what we buy.

소비자로서, 단지 우리가 사는 것에 관심을 기울이는 것만으로
세상을 바꿀 수 있는 큰 힘을 가지고 있다.

-엠마 왓슨, 배우

There is no such thing as 'away.'
When we throw anything away
it must go somewhere.

사라진다는 건 없다. 우리가 어떤 것을 버리면
반드시 어딘가로 가서 존재한다.

-애니 레너드, 환경운동가

Be gentle with the earth

지구를 상냥하게 대하기를.
-달라이 라마

We do not inherit the Earth
from our ancestors. we
borrow it from our children.

우리는 조상으로부터 지구를 물려받은 것이 아니라 우리
아이들에게서 빌려 쓰고 있는 것이다.
-미국 원주민 속담

Small acts, when multiplied
by millions of people,
can transform the world

작은 실천도 수백만의 사람들이 함께하면 세상을 바꿀 수 있다.
-하워드 진, 작가

Waste isn't waste,
until we waste it.

우리가 버리기 전까지는 쓰레기가 아니다.
-윌.아이.엠, 가수

No one is too small
to make a difference.

변화를 일으키기에 너무 작은 사람은 없다.
-그레타 툰버그, 환경운동가

Earth provides enough to satisfy
every man's needs,
but not every man's greed.

자연은 모든 사람에게 필요한 것을 채워 주기엔 충분하지만,
모든 사람의 욕심을 채워줄 수는 없다.
-마하트마 간디

제로 웨이스트 클래스

지은이 | 이윤

플라스틱과 유해성분에 자유로운
홈메이드 뷰티 & 리빙 아이템

Zerowaste Class

CYPRESS
사이프레스

Prologue
지속 가능한 지구와 건강한 삶을 위한 작은 실천

건강한 삶에 관심이 많아 호기심으로 시작했던 아로마테라피 공부가
제 삶을 예상치 못한 곳으로 이끌었습니다. 일상에서 화학성분을 줄일
수 있는 방법을 찾다 비누, 화장품 등을 만들어 사용하기 시작했고
배움을 이어가다 보니 교육의 길로 들어서게 되었어요.
나와 가족의 건강에 대한 관심이 지구로 확장된 것은 8년
전쯤부터입니다. 제가 즐겨 사용해온 오일을 추출하는 식물이
멸종 및 보호수종이 되는 것을 보고, 지구가 아파하고 있다는 사실이
현실적으로 와 닿았습니다. 친환경을 위해 비누를 사용한다고
하지만, 만드는 과정에서 배출되는 쓰레기가 늘 마음 한구석에
찜찜함을 남겼습니다.

처음부터 제로 웨이스트를 실천하겠다는 거창한 결심을 하고 움직인
건 아니었습니다. 가정에서 사용하는 용품부터 서서히 플라스틱을
줄여 나갔고 물티슈는 구매하지 않았습니다. 욕실의 샴푸나
바디워시, 주방의 세제 같은 세정용품들을 비누로 대체하니 공간을
차지하는 플라스틱이 사라져 쾌적함을 느꼈습니다. 여성용품, 화장솜
등은 빨아 쓰는 것으로 바꾸고 세제까지 만들어 사용하니 집에서
배출되는 쓰레기가 놀라울 정도로 줄었습니다. 작업실에서도 비커를
닦던 휴지를 행주로 바꾸고, 작업 과정에서도 불필요한 쓰레기가
나오지 않도록 노력하고 있습니다. 하나씩 천천히 바꿔 나가다 보니
어느덧 꽤 많은 부분을 자연스레 실천하게 되었어요.

4년 전부터 저와 같은 뜻을 가진 분들과 정보를 나누기 위해 제로
웨이스트 클래스를 운영하기 시작했고, 클래스의 꾸준한 인기를
보며 환경에 대한 관심이 높아졌음을 실감했습니다. 사실 시중에
제품이 넘쳐나는 시대에 생활용품을 만들어서 사용한다는 것은 어찌
보면 꽤 많은 수고를 감수해야 합니다. 시간을 들여 공부해야 하고,
제품을 완성하고 나서도 과연 잘 만든 것인지, 시중에 파는 제품과
뭐가 다른지, 차라리 사서 쓰는 게 나은 건 아닌지 의구심이 들 수도
있습니다.

제 클래스를 찾아준 학생들과도 그런 고민을 나누고 지구에
조금이라도 더 좋은 방향을 찾으려고 합니다. 완벽한 방법을 찾느라
미루기엔 지구에 주어진 시간이 많지 않으니까요. 미흡하더라도
우리가 지금 할 수 있는 일을 하는 것, 함께 머리를 맞대고 더 나은
방향으로 나아가기 위한 노력이 필요한 때라고 생각됩니다.

완벽하지 않아도 괜찮아요. 만약 사서 써야 하는 상황이더라도 지속
가능하고 건강한 성분의 제품들을 가려낼 수 있다면 그 또한 제로
웨이스트의 첫걸음입니다. 저도 완벽한 환경운동가와는 거리가
멀지만, 자연에게 적어도 하나쯤은 해가 되지 않았으면 좋겠다는
생각으로 꾸준히 실천하고 있어요.
제로 웨이스트 캠페인이 갑자기 유행처럼 번졌다 시들해지기보다는
건강한 삶의 습관으로 자리 잡기를 바랍니다. 무해한 성분, 간결한
제품으로 나의 라이프스타일을 서서히 변화시킨다는 생각으로 시작해
보시기 바랍니다.

이윤

Contents

Chapter 1
Zero Waste Skin Care

Chapter 2
Zero Waste Soap

Chapter 3
Zero Waste Living

5Rs *of* Zero Waste
제로 웨이스트를 위한 작은 실천

제로 웨이스트는 포장을 줄이거나 재활용이 가능한 재료를 사용해서
쓰레기를 줄이려는 캠페인을 말합니다. 환경문제가 전 세계적인
이슈가 되면서 일상생활에서 쓰레기 발생을 줄이기 위한 방법을
적극적으로 공유하는 움직임이 계속되고 있습니다.
쓰레기를 제로로 만드는 것은 이상적인 목표에 가깝고, 실천에 앞서
부담감을 느낄 수 있습니다. 하지만 개개인이 쓰레기를 100에서
90으로 조금씩 줄여 나간다면 그것으로 큰 의미가 있습니다.
친환경적인 삶을 살고 싶지만 망설이고 있다면 작은 것부터 시작해
보세요. 제로 웨이스트 운동가인 비 존슨의 5R 원칙을 기억해두면
실생활에 적용할 수 있습니다.

REFUSE **필요하지 않은 것은 거절한다**

- 결제 후 종이 영수증은 거절한다.
- 카드 명세서, 관리비 등 필요하지 않은 우편물은 거절한다.
- 일회용 수저·포크·종이컵 등 일회용품 사용을 자제한다.
- 이메일에서도 광고 수신이나 불필요한 구독은 취소한다.
- 장바구니로 장을 보고 비닐 사용을 자제한다.

REDUCE **거절할 수 없는 것은 줄인다**

- 물건 구매 전, 자신에게 꼭 필요한 물건인지 한 번 더 생각해본다.
- 물건을 소중히 오래 사용하는 습관을 들인다.
- 고장이 나지 않는 한 교체하지 않고 사용한다.
- 샴푸바, 고체 치약, 설거지 비누 등 포장을 최소화한 제품을 선택한다.
- 청소와 세탁에 베이킹소다, 과탄산소다, 구연산 등을 활용한다.

REUSE **줄일 수 없는 것은 재사용한다**

- 한 번 쓰고 버리기 아까운 플라스틱 용기, 유리병, 박스 등은 적절한
  용도로 재사용한다.
- 싫증 난 옷을 리폼하거나 고장 난 가전제품을 수리해서 사용한다.
- 당근마켓이나 중고나라에서 중고품을 구입하거나 판매해 선순환되게
  한다.
- 쓸만하지만 안 쓰는 물건은 필요한 곳에 기부한다.

RECYCLE

재사용할 수 없는 것은 재활용한다

◦ 페트병류는 내용물을 깨끗이 비우고 건조한 뒤, 표면의 비닐을 제거하고
  납작하게 압축하여 뚜껑을 연 채 분리수거 한다.
◦ 박스류는 표면의 테이프나 송장 등을 제거하고 이음면을 펼쳐서 배출한다.
◦ 비닐류는 깨끗이 세척해 분리수거 한다. 오염된 비닐은 일반 쓰레기로
  배출한다.
◦ 우유팩, 종이컵 등 분리배출 표기가 '종이팩'으로 된 경우는 코팅 처리된
  특수 종이를 의미한다. 일반 종이와 따로 모아 배출해야 재활용률을 높일 수
  있다.
◦ 고흡수성 폴리머(SAP)로 만들어진 아이스팩은 재사용하거나, 아이스팩
  수거함에 배출한다.

ROT

남은 것은 썩혀서 자연으로 돌려보내고 생분해되는 재질로 선택한다

◦ 음식물 쓰레기를 모아 썩혀서 퇴비를 만든다.
◦ 분해에 500년이 넘는 시간이 소요되는 플라스틱 빨대 대신 생분해되는
  소재로 선택하거나 빨대 사용을 자제한다.
◦ 대부분 플라스틱 화학섬유로 만들어진 물티슈 역시 분해에 오랜 시간이
  걸린다. 소각하면 대기오염에 영향을 주고, 매립하면 바다로 흘러가
  미세플라스틱의 주범이 된다. 물티슈 대신 손수건, 행주, 걸레 등 다회용
  아이템을 사용한다.
◦ 샴푸, 바디워시, 주방세제, 세탁세제의 세정력을 높이기 위해 사용되는
  합성 계면활성제는 자연 분해가 되지 않아 토양과 수질을 오염시키며 수중
  생태계를 파괴한다. 합성 계면활성제 대신 미생물에 잘 분해되는 자연유래
  성분으로 만든 계면활성제를 선택한다.
◦ 스크럽이나 치약의 세정 효과를 높이기 위해 첨가되는 마이크로비즈는
  하수 처리 시설에서 걸러지지 못해 대부분 바다로 흘러간다. 미생물에
  의해서도 분해되지 않아 먹이사슬을 따라 결국 사람에게 되돌아온다.
  마이크로비즈가 들어간 제품의 사용을 피한다.

Less Plastic Home

제로 웨이스트 라이프를 돕는 생활용품

《플라스틱 없는 삶》이란 책에 따르면 2050년에는 바다에 있는 플라스틱의 무게가 바닷속 물고기 전체의 무게를 능가할 것이라고 해요. 플라스틱 줄이기를 가장 먼저 실천할 수 있는 장소는 다름 아닌 우리 집입니다. 당장 집에 있는 플라스틱을 모두 치우라는 말은 아닙니다. 물건을 새로 마련해야 하는 시기가 오면 플라스틱이 아닌 대체품을 선택하는 것으로 시작해보세요. 주방, 욕실 등에서 무심코 사용해온 생활용품들에 변화를 주면 가족의 건강과 지구를 지킬 수 있습니다.

샴푸, 린스, 바디워시 ▶ 비누

액체로 된 샴푸나 바디워시를 고체 타입의 샴푸바나 바디바로 교체하면 버려지는 플라스틱의 양을 줄일 수 있습니다. 또한 합성 계면활성제로 인해 민감해진 피부와 두피가 개선되는 효과를 볼 수 있어요. 액체 타입의 주성분인 정제수를 빼고 필요한 영양분을 고농축으로 담아 내 피부 타입에 맞는 비누 형태의 세정제를 만들 수 있습니다.

플라스틱 칫솔 ▶ 대나무 칫솔

세계적으로 연간 36억 개의 플라스틱 칫솔이 버려지고 있다고 해요. 자연 분해되는 나무로 만든 칫솔을 사용하면 욕실에서 나오는 플라스틱을 상당히 줄일 수 있습니다.

튜브 치약 ▶ 고체 치약

튜브형 치약 용기는 대부분 복합 재질로 재활용이 불가능합니다. 고체 치약은 튜브형 치약과 달리 꼭 필요한 양만 사용할 수 있고 작은 틴케이스 등에 넣어 휴대하기도 편리하답니다.

플라스틱 샤워볼 ▶ 천연 샤워볼, 삼베 비누망

플라스틱 섬유로 만든 샤워볼은 미세플라스틱과 쓰레기를 발생시킵니다. 천연해면, 소창 샤워볼, 삼베 샤워볼 등 이를 대체할 만한 천연 소재의 샤워볼을 쉽게 찾아볼 수 있습니다. 천연 소재의 비누망에 비누를 넣어 문질러주면 풍성한 거품을 쉽게 낼 수 있습니다.

아크릴 수세미 ▶ 천연 수세미, 삼베 수세미

가정에서 흔히 사용되는 수세미는 아크릴실로 만들어지는 경우가 많은데 이는 플라스틱 섬유로 설거지 과정에 마찰을 통해 미세플라스틱을 발생시킵니다. 이 미세플라스틱은 하수구를 거쳐 강과 바다를 오염시키고 결국 인체에 들어와 건강을 해칩니다.
오이과 식물인 '수세미'를 건조시킨 천연 수세미는 원하는 크기로 잘라 쓸 수 있고, 100% 자연 분해됩니다. 대마의 줄기로 짠 삼베로 만든 수세미는 섬유 사이에 구멍이 많아 통기성이 좋고 수분을 빠르게 흡수하며, 음식물 찌꺼기가 끼지 않습니다.

주방세제 ▶ 설거지 비누

플라스틱 용기가 필요하지 않은 고체 형태의 설거지 비누를 이용하면 집에서 나오는 플라스틱을 상당히 줄일 수 있습니다, 천연 계면활성제와 베이킹소다 등 자연유래 성분으로 만들어져 잔여 성분이 체내에 흡수될 우려도 덜 수 있습니다. 합성 계면활성제와 달리 생분해도가 높아 수질에도 이롭답니다.

주방세제 ▶ 소프넛

소프넛은 자연적인 세정력과 정화력을 갖춘 세제 열매로 물에 넣으면 사포닌류의 천연 계면활성 성분이 녹아 나옵니다. 물 1.5L에 열매 15개를 넣고 끓이다가 약불에서 30분 정도 더 우려낸 후 식힙니다. 병에 넣어 냉장 보관하고 설거지할 때마다 조금씩 덜어 사용합니다. 기름기가 많은 경우에는 설거지 비누를 이용하는 편이 좋지만 간단한 설거지나 과일과 채소의 잔류 농약 세척 등은 소프넛으로 세정이 가능합니다.

물티슈 ▶ 소창 행주, 대나무 행주, 거즈 손수건

손쉽게 쓰는 물티슈의 주소재는 플라스틱 화학섬유인 폴리에스터로 분해되는 데 몇백 년이 걸립니다. 소창 행주는 목화솜에서 뽑은 실로 만들어 통기성이 뛰어나고 수분을 잘 흡수하며 건조도 빠릅니다. 대나무 추출 섬유 원단으로 만든 대나무 행주는 항균 효과가 있어 세균 걱정 없이 여러 번 재사용이 가능합니다.

일회용 화장솜 ▶ 다회용 화장솜

화장솜을 매일 한두 개씩 쓰다 보면 상당한 양의 쓰레기가 발생합니다. 빨아 쓸 수 있는 '다회용 화장솜'을 활용하면 쓰레기도 줄일 수 있고 피부도 건강하게 지킬 수 있습니다. 세안할 때 세척하거나 모아두었다가 세탁기에 돌려서 여러 번 사용할 수 있습니다.

Reducing
Your
Body Burden
바디버든 줄이기

우리 몸은 머리끝에서 발끝까지 피부로 덮여 있습니다. 매일 사용하는 샴푸나 린스, 바디워시뿐만 아니라 세탁 시 사용하는 섬유유연제, 화장품 등을 통해 본인도 모르게 유해물질이 몸속에 쌓이게 됩니다. 이처럼 일정 기간 체내에 쌓인 유해물질의 총량을 '바디버든'이라 합니다. 바디버든은 일상의 모든 곳에서 축적되기 때문에 100% 예방은 어렵지만 관심을 기울이면 더 나은 선택을 할 수 있습니다.

자연유래 성분·천연 제품 사용하기

피부에 직·간접적으로 닿는 제품들을 천연제품, 자연유래 성분을 사용한 것으로 선택합니다. 생활용품에 많이 들어있는 합성 계면활성제가 체내에 오랜 기간 쌓이면 주요 장기에 해로운 영향을 미칠 수 있으므로 천연 계면활성제를 함유한 제품을 사용합니다. 온라인 쇼핑몰을 통해 화장품이나 비누 재료를 쉽게 구할 수 있으므로 믿을 수 있는 성분으로 직접 만들어 쓰는 것도 좋은 방법입니다.

성분표시를 보고 제품을 선택하기

가능한 한 전 성분을 공개한 제품으로 성분표시를 보고 선택합니다. 피부에 직접 닿는 제품이 아니더라도 소독제, 방충제 등 공기 중에 분사하는 제품들에 포함된 유해물질이 호흡기를 통해 체내에 쌓일 수 있습니다. 생리대는 가능한 화학성분이 사용되지 않은 것을 선택합니다.

천연 세제 사용하기

베이킹소다, 과탄산소다, 알코올 등을 활용해 청소 및 세탁을 합니다.

플라스틱 및 비닐 제품 사용 줄이기

일회용 플라스틱 빨대, 컵 등의 사용은 지양하고 반찬 통은 유리 용기로 대체합니다. 또한 환경호르몬을 유발할 수 있는 가구, 매트, 장난감 등에도 주의가 필요합니다.

유기농 채소 및 곡류 위주의 식사

농약 속 유기 염소계 살충제는 음식에 잔류해 체내에 흡수될 확률이 높습니다. 가능한 한 농약이 사용되지 않은 유기농 식품을 선택합니다.

피부 자극 주지 않고 독소 배출하기

피부 면역력을 키워야 화학물질이 침투하는 것을 줄일 수 있습니다. 피부 온도가 올라갔을 때나 피부가 예민한 상태에서 유해물질의 침투 확률이 더 높아집니다. 샤워를 하거나 머리를 감을 때 온수 온도를 1~2도 낮춰주세요. 평소에 물을 많이 마시고 운동을 해서 땀을 흘리는 것도 피부를 통한 독소 배출에 도움이 됩니다.

Harmful Chemicals In Products 일상에 숨은 유해성분

화장품, 샴푸, 치약 등의 생활용품 속에 들어 있는 화학물질은 피부를 통해 우리 몸에 들어와 쌓이면서 건강상의 문제를 유발할 수 있어요. 평소 생활용품을 구매할 때 다음의 화학물질이 들어 있다면 주의하는 것이 좋습니다.

트리클로산

항균기능을 하는 '트리클로산'은 주로 손 세정제나 치약에 사용됩니다. 몸에 쌓이면 내분비계를 교란시키고 생식기에 영향을 주어 유방암, 고환암 등을 일으킬 수 있다고 알려져 있어요.

파라벤

파라벤은 인공 방부제로 화장품에 많이 사용되는데 한 번 몸에 들어오면 내장 기관이나 근육 등에 쌓여 잘 배출되지 않는다고 해요. 지속적으로 노출되면 생식 기능에 영향을 미치며, 피부염을 유발하고 여러 질환이 유발될 수 있어요.

디에탄올아민

주로 주방세제에 많이 사용되는 계면활성제로 피부를 통해 체내로 흡수됩니다. 임신 중 이 성분이 몸에 쌓이면 태아에게 전달돼 태아의 세포 성장을 방해하고 뇌세포를 망가뜨릴 수 있다는 동물실험 결과가 있어요.

**옥시벤존·
옥티노세이트**

주로 선크림의 발림성을 좋게 하고 백탁현상을 줄이기 위해 사용되는 화학물질입니다. 피부 흡수율 또한 높기 때문에 장기간 노출되면 생체 호르몬의 작용을 방해하거나 세포를 변화시킬 수 있는 물질로 알레르기, 불임, 정자 수 감소 등을 유발할 수 있다고 알려져 있습니다. 또한 바닷속 산호초를 죽게 만드는 백화현상을 유발해 하와이에서는 사용이 금지된 성분입니다.

**폴리에틸렌글리콜
(PEG)**

계면활성제의 역할을 하는 성분으로 주로 세제, 화장품, 샴푸, 물티슈 등에 사용됩니다. PEG의 경우 제조 과정에서 발암 물질로 알려진 에틸렌옥사이드나 다이옥신과 같은 불순물이 함유될 가능성이 있다고 알려져 있어요.

프탈레이트

플라스틱을 부드럽게 만들기 위해 첨가하는 화학 성분으로 네일 폴리시, 헤어스프레이, 향수, 방향제 등에 주로 사용됩니다. 또한 소독제, 방충제, 방부제, 염색제 등 생활제품에도 들어있을 수 있으니 주의가 필요합니다. 프탈레이트에 노출될 경우 자궁내막증 및 다낭성 난소 증후군의 위험을 높일 수 있다는 연구 결과가 꾸준히 나오고 있기 때문에 임산부 또는 수유 중인 여성이 특히 조심해야 하는 성분입니다.

Ingredients 화장품과 비누의 재료

재료 선택 시 고려사항

화장품 재료 공급업체로부터 구입한다

올리브 오일, 베이킹소다, 구연산 같은 몇몇 재료들은 마트에서도 구할 수 있지만 화장품이나 비누 제작에 사용되는 재료들은 화장품 원료를 전문적으로 취급하는 업체에서 구입하는 것을 추천합니다. 화장품 성분은 국제화장품원료집(ICID)에 등재된 표준원료명인 INCI(International Nomenclature Cosmetic Ingredient) 명칭에 따라 표기하고 있기 때문에 해당 이름으로 찾아보는 것이 정확합니다.

EWG 안전성 등급을 확인한다

미국의 비영리 환경단체인 EWG(Environmental Working Group)가 화장품 성분의 안전성에 대해 평가한 등급으로 세계적으로 통용되는 공신력 있는 척도라고 할 수 있습니다. 60여 가지의 스킨딥(Skin Deep) 표본 데이터베이스를 바탕으로 화장품 원료의 유해성분을 조사합니다. 총 1~10등급로 숫자가 작을수록 안전하다는 뜻입니다. 1~2는 안전한 그린 등급, 3~6은 보통 위험도의 옐로 등급, 7~10은 높은 위험도의 레드 등급으로 색을 달리하여 성분의 안전성을 파악할 수 있습니다. 안전성 등급은 EWG 공식 사이트(www. ewg.org)에서 INCI 영문명으로 검색해 확인할 수 있습니다.

재료의 유통기한과 보관에 신경을 쓴다

화장품 재료마다 유통기한, 사용기한 등에 차이가 있습니다. 사용기한이 지날 경우 기능이 떨어지거나 해가 되는 경우도 있기 때문에 사용량을 고려해서 적절한 용량을 구입합니다. 또한 개봉한 뒤에는 보관에 주의합니다. 대부분의 재료는 서늘하고 통풍이 잘 되며 습하지 않은 곳에 열, 빛, 공기와 최대한 차단해 보관하는 것이 좋으며 재료에 따라 권장하는 환경을 준수하도록 합니다.

내 피부 타입에 맞는지 테스트해 본다

순한 성분이라고 해도 내 피부에 안 맞는 재료가 있을 수 있습니다. 처음 접하는 재료라면 큰 용량을 구입하기 전 소량만 구입해 피부에 맞는지 테스트하는 것이 좋습니다.

재료가 환경에 미치는 영향을 고려한다

식물성 오일, 허브 및 약초 추출물, 에센셜 오일 등은 원재료의 재배방식을 확인하고, 가능한 한 환경에 무해한 방식으로 생산된 재료를 구입합니다. 유기농법으로 관리, 재배한 원료로 유기농 인증기관에서 인증을 받았는지, 개발도상국 생산자에게 정당한 대가를 지불한 공정무역 제품인지 등을 확인하는 것도 도움이 됩니다.

재료 구매처 안내

화장품 및 비누 재료와 도구, 용기는 아래의 온라인 쇼핑몰에서 구입할 수 있습니다. 옥수수전분, 과탄산소다, 베이킹소다 등은 여러 쇼핑몰에서 판매하며 성분에는 큰 차이가 없으므로 가격을 비교해 국내산으로 구입할 것을 권장합니다.

도구 및 재료 쇼핑몰

다인솝 ◦ www.dainsoap.co.kr
천연 비누와 향초 재료를 중심으로 천연 화장품과 샴푸, 린스 재료까지 두루 취급한다.

오일공구 ◦ www.go5109.com
베이스 오일, 아로마 오일 등 오일 재료를 중심으로 다양한 원료를 판매한다.

에코팩토리 ◦ www.ecofactory.co.kr
천연 화장품, 비누 재료 및 용기 쇼핑몰로 헤어 트리트먼트 재료로 좋은 유채 발효유화제(브라시카알코올)를 판매한다.

코리아씨밀락 ◦ www.koreasimilac.com
다양한 추출물과 첨가물, 기능성 분말, 드라이 허브 등을 구입할 수 있다.

왓솝 ◦ whatsoap.co.kr
비누, 화장품 등의 원료 쇼핑몰로 EWG 1등급 가용화제인 솔베스-30테트라올리에이트를 판매한다.

큐리오소 ◦ https://smartstore.naver.com/curioso
천연 화장품 재료 쇼핑몰로 PEG 프리 가용화제인 폴리글리세릴-4카프레이트(에코솔루빌라이저)를 판매한다.

내츄럴팁스 ◦ www.naturaltips.co.kr
플라스틱 프리 제품을 다양하게 취급하며 다양한 용기와 도구를 판매한다.

오코보 ◦ www.5cobo.com
용기 전문 쇼핑몰로 다양한 소재와 사이즈, 디자인의 용기를 판매한다.

새로핸즈 ◦ www.saerohands.com
천연 화장품, 비누, 디퓨져, 소이캔들 등 DIY 재료와 도구를 취급하는 쇼핑몰

버블뱅크 ◦ bubblebank.net
다양한 기능성 화장품 재료와 비누 재료, 용기와 몰드 등을 취급하는 쇼핑몰

재료 알아보기

수성원료
물에 녹는 원료를 수성원료로 구분하며 보통 정제수가 가장 큰 비중을 차지합니다.

정제수 또는 증류수
정제수나 증류수는 미네랄 또는 이온 등이 없는 가장 순수한 형태의 물입니다. 수돗물이나
생수는 미생물이 잘 번식할 수 있으니 화장품이나 비누 제작에는 가까운 약국 또는 화장품 원료
사이트에서 정제수나 증류수를 구입해서 사용하세요.

플로럴워터
에센셜 오일을 증류법으로 추출할 때 생기는 부산물로 하이드로졸, 하이드레잇이라고도 해요.
대부분 약산성으로 스킨케어에 사용하기 적합해요. 에센셜 오일의 성분이 미량 남아있어
그대로 토너로 사용할 수 있으며 추출한 식물에 따라 각기 다른 효능을 가지고 있어요.

플로럴워터	효능
로즈 워터 Rosa damascena	진정작용이 뛰어나며 거칠고 건조한 피부에 영양과 수분을 공급한다. 모든 피부에 잘 맞고 수렴작용이 뛰어나며 특히 노화 피부에 좋다.
라벤더 워터 Lavender water	모든 피부 타입에 잘 맞고 햇볕에 그을린 피부의 진정에 효과적이다. 습진, 건성, 염증성 피부에 좋다.
캐모마일 워터 Chamomile water	민감성이나 가려운 피부 진정에 효과적이다. 염증 완화 효과가 있고 순해서 아기 피부에도 안심하고 사용할 수 있다.
위치헤이즐 워터 Witch hazel water	천연 수렴 화장수로 스킨, 토너에 많이 쓰인다. 지성피부, 여드름, 염증성 피부에 좋다.
네를리 워터 Orange flower water	민감성 피부, 노화 피부에 좋으며 로즈 워터와 함께 대표적인 미용 화장수이다.
티트리 워터 Teatree water	항균성이 강하고 지성피부, 염증성, 여드름 피부에 좋다.
로즈메리 워터 Rosemary water	지치고 생기 없는 피부에 활기를 더한다. 마른버짐이나 가려움증을 완화하고 트러블 피부에 효과적이다.

추출물
액체 또는 고체 혼합물에서 적당한 용매를 사용해 유효성분을 분리해 낸 물질. 병풀,
카렌듈라, 녹차, 어성초 등 다양한 효능의 추출물이 있습니다. 보통 1~5% 정도
첨가합니다.

에탄올
에틸알코올이라고도 하며 화장품에서는 수렴, 청결, 살균, 가용화제 등으로 발효주정인
식물성 에탄올을 사용합니다.

유성원료

기름에 녹는 성분이며 표면의 수분 증발을 막고 피부와 모발에 광택을 부여합니다.
제형에 따라 액상(오일)과 고형(왁스, 버터, 고급알코올 등)으로 나뉩니다. 식물성
오일과 버터는 보통 식물의 열매나 씨앗을 압착해서 얻습니다. 여기에 탈취, 탈색, 보존제
처리 등의 추가적인 정제 과정을 거친 정제 오일은 특유의 색상과 향이 없어 상품화가
용이해 화장품 업계에서 더 선호합니다. 하지만 정제 오일은 냉압착한 비정제 오일과
비교해 고유의 영양 성분 역시 줄어들 수 있습니다. 오일 구매 시 오일 고유의 색상이나
콜드프레스(coldprocess), 골든(golden), 버진(virgin) 등의 용어로 비정제 오일임을
확인할 수 있습니다.

식물성 오일

식물성 오일	효능
코코넛 오일 Coconut oil	코코넛 야자에서 추출한 오일로 포화지방산을 다량 함유하고 있어 상온에서는 고체 상태(녹는점 60도)이다. 보습력이 뛰어나고 머릿결을 부드럽게 해주기 때문에 피부와 헤어 제품에 두루 사용된다. 흡수가 느린 편이라 피부에 광택을 주는 립밤이나 핸드크림, 헤어 오일에도 사용을 추천한다. 비누 제작에 사용하면 세정력이 강하며 거품이 풍부한 비누를 만들 수 있고 경도를 높여준다.
올리브 오일 Olive oil	올리브 열매의 열매를 압착하여 얻는다. 대표적인 단일불포화 지방산으로 보습력이 탁월하고 산화에도 안정적인 편이다. 점도가 있어 건성피부나 튼살에 사용하면 좋다.
포도씨 오일 Grapeseed oil	포도씨에서 추출한 오일로 항산화제인 비타민 E, 필수지방산인 리놀레산을 다량 함유하고 있다. 흡수율이 좋고 가벼워 피부 마사지용으로 많이 사용되며 지성피부에 효과적이다.
피마자 오일 Castor oil	아주까리 열매에서 채취하는 오일로 리시놀레산이 풍부해 보습에 좋고 윤활 작용이 뛰어나 매끄러운 피부를 만들어준다. 풍부하고 조밀한 거품이 나는 비누를 만들 수 있다.
동백 오일 Camellia oil	동백나무 열매에서 추출하는 오일로 보습력이 좋아 건성피부, 주름 개선에 좋다. 피부를 진정시켜주고 침투력이 높고 잘 스며들어 마사지 오일로도 적합하다. 머릿결에 광택을 주어 샴푸바에 많이 사용된다.
로즈힙 오일 Rosehip oil	야생 장미 관목의 씨앗에서 추출한다. 비정제 로즈힙 오일은 매우 붉은색을 띠고 있으며 정제한 오일은 노란색을 띤다. 필수지방산인 리놀레산, 레티노산, 레티놀, 비타민 C·E, 팔미틴산을 함유해 피부재생효과가 뛰어나며 자외선에 의한 눈과 입 주위 잔주름을 완화한다. 흉터 치료, 피부 화상 자국에도 효과적이지만 산패가 비교적 빠르고 여드름, 지성피부는 사용에 주의한다(전체양의 10% 이하 사용).
달맞이꽃종자 오일 Evening Primrose oil	달맞이꽃 씨앗에서 추출하는 오일로 불포화지방산을 70% 이상 함유하고 있어 산화가 빠르다. 감마리놀렌산(GLA- gamma linoleic acid)을 함유하고 있어 피부세포 방어 능력을 높이며 아토피성 피부염의 진정 효과가 매우 뛰어나다. 모든 피부 타입에 잘 맞으며 특히 가려움증 완화에 효과적이다.

살구씨 오일 Apricot Kernel oil	불포화지방산이 고농도로 들어있고 토코페롤, 비타민, 미네랄이 풍부하다. 미백효과를 기대할 수 있어 기미, 주근깨 피부에 사용하기 좋다. 사용감이 가벼워 지성피부용 화장품, 클렌징, 얼굴 마사지용으로도 많이 쓰인다. 지방산 구조는 스위트아몬드와 유사해 견과류 알레르기가 있다면 주의해서 사용한다.
스위트아몬드 오일 Sweet Almond oil	아몬드 씨앗에서 추출한 오일로 미네랄, 단백질, 비타민 A등을 함유하고 있으며, 불포화지방산인 올레산과 리놀레산이 풍부하다. 가려움증, 습진, 건성피부에 좋고 모든 피부 타입에 무난하게 쓸 수 있다. 견과류 알레르기가 있다면 주의해서 사용한다.
마카다미아 오일 Macadamia oil	남태평양에서 자라는 열매에서 추출하며 사라지는 오일이라는 별칭이 있을 정도로 피부에 빠르게 스며든다. 피부의 피지 구조와 매우 유사하여 피부를 유연하고 부드럽게 만든다. 견과류 알레르기가 있다면 주의해서 사용한다.
콩 오일 Soy bean oil	리놀레산과 올레산으로 구성되어 있으며 위트점 오일 다음으로 비타민 E를 많이 함유하고 있다.
아르간 오일 Argan oil	아르가니아 나무 열매의 씨앗에서 추출한 오일로 모로코 남서부 지역이 원산지이다. 노화 방지, 여드름 개선에 효과적이며 항산화력이 강한 페룰산이 함유되어 있어 멜라닌 색소를 제거하고 기미, 주근깨 생성을 억제한다. 피부뿐 아니라 모발 관리에도 효과적이다.

식물성 버터 & 왁스

	종류	효능
버터	시어버터 Shea butter	아프리카 시어나무(Karate tree) 열매에서 추출한 오일로 상온에서 고체이다. 보습 효과가 뛰어나고 자외선 차단 효과가 있다. 피부 침투력이 뛰어나 세포 재생과 상처치유에 도움을 준다. 크림, 연고에 많이 사용되며 보습력이 오랫동안 지속되어 아토피성 피부염이나 건성피부에 효과적이다.
왁스	호호바 오일 Jojoba liquid wax	오일로 많이 알려져 있으나 온도가 떨어지면 굳는 액체 왁스이며 산화안정성이 매우 우수하다. 인체의 피지와 유사한 화학구조로 퍼짐성, 친화성이 우수하고 피부 침투력이 좋다.
	카르나우바 왁스 Carnauba wax	남미에서 자라는 카르나우바 야자 잎에서 얻어지며 식물성 왁스 중 경도나 융점이 제일 높다. 립스틱, 크림, 제모 왁스 등에 많이 사용된다.
	칸데릴라 왁스 Candelilla wax	멕시코 북서부 및 미국 텍사스주에서 자생하는 식물로 줄기에서 얻는다. 립스틱, 마스카라, 스틱류에 경도와 광택을 더하기 위해 사용된다.
	비즈왁스 Beeswax	꿀벌의 벌집에서 추출해 열탕에 분리한 동물성 왁스로 널리 사용되지만 민감한 피부는 주의가 필요하다.

팜 프리(Palm Free) 운동

팜 오일(Palm oil)은 기름야자 나무 열매의 과육에서 추출한 오일로 정제 상온에서 고체 상태이며(녹는점 70도) 산화에 안정적입니다. 올레인산을 포함하고 있어 보습에도 도움을 주며 비누 제작 시 세정력이 강하고 조밀한 거품을 만들어주어 비누와 화장품 제작에 널리 사용되어 왔습니다. 하지만 팜 오일의 생산을 늘리기 위해 해마다 엄청난 면적의 숲을 태워 기름야자 농장을 만들면서 대량의 탄소가 발생하고 열대우림이 사라져 오랑우탄을 비롯해 코끼리, 호랑이 등 야생동물이 터전을 잃고 있습니다. 이 같은 팜 이슈가 대두되면서 기름야자의 사용을 중단하자는 팜 프리 운동이 지속되고 있습니다. 이 책의 레시피에도 팜 오일을 제외하고 있습니다.

계면활성제

계면활성제는 기체와 액체, 액체와 고체처럼 서로 다른 성질을 가진 물질이 맞닿은 경계면의 장력을 완화하는 역할을 합니다. 쉽게 말해서 물과 기름을 섞이게 해주는 기능을 하는 것이 계면활성제라고 할 수 있습니다. 폭넓게 세제(detergent), 습윤제(wetting agent), 유화제(emulsifier), 기포제(foaming agent), 가용화제(solubilization agent), 분산제(dispersant)의 역할을 합니다. 세제(detergent) 계면활성제는 합성과 천연, 식물유래로 나뉘며 이 책에서는 식물에서 유래한 계면활성제를 사용했습니다. 석유계 합성계면활성제는 풍부한 거품과 경제성으로 오랫동안 시장을 차지해왔습니다. 하지만 피부 자극을 유발하고 지속적으로 노출 시 몸 안에 화학물질이 쌓여 건강에 이상이 생길 수 있다는 우려가 있습니다. 또한 미생물에 의해 분해되지 않기 때문에 환경에 영향을 주게 됩니다. 반면 식물유래 계면활성제는 식물에서 추출해 독성이 거의 없고 미생물에 의해 대부분 분해되는 물질로 친환경적입니다.

친수기 성질에 따른 분류

구분	정의	종류
음이온 계면활성제	세정작용과 기포 형성에 도움이 되므로 세정을 위한 모든 제품에 들어가는 계면활성제이다.	포타슘코코일글리시에이트, 애플워시, 소듐코코일글루타메이트, 소듐코코일이소치오네이트
양이온 계면활성제	살균과 소독, 정전기 방지 효과로 린스나 트리트먼트, 섬유유연제에 사용한다.	브라시카알코올, 폴리쿼터늄
양쪽성이온 계면활성제	물에 녹았을 때의 용액 pH에 따라 '알칼리'에서는 음이온성 계면활성제의 역할을, '산성'에서는 양이온성 계면활성제의 역할을 한다. 세정력이 적당하고 자극이 적으며, 안전성이 높아 유아용 샴푸 및 저자극 샴푸에 사용된다.	코코베타인, 라우라미도프로필베타인, 코카마이드
비이온 계면활성제	기포는 적지만 피부 자극이 적고 유화력이 우수하여 세제뿐 아니라 세안용에도 다양하게 사용된다.	코코글루코사이드, 라우릴글루코사이드, 데실글루코사이드

세정제 종류 및 특징

구분	종류	특징
음이온 계면활성제	디소듐 라우릴 설포석시네이트 DLS(Disodium Lauryl Sulfosuccinate) Data: Limited 1	코코넛 오일의 지방산인 라우르산을 원료로 만들어진 저자극의 계면활성제로 기존의 SLES 성분에서 문제가 되었던 에틸렌옥사이드 성분이 제거되었다.
	애플워시 APL(Sodium cocoyl apple amino acids) Data: Limited 1	사과주스의 아미노산으로 만든다. 점성이 없고 가격이 비싸지만 자극이 없고 순해서 유아용으로 많이 쓰인다.
	포타슘코코일글리시에이트 PCG(Pottassium Cocoyl Glycinate) Data: Limited 1	코코넛 열매에서 추출하며 생분해성이 뛰어난 계면활성제. 풍부한 거품을 형성하고 개운한 사용감을 준다. 피부와 눈에 자극이 적고 보습이 오래 유지되어 민감성 피부 세정용이나 아기용으로 많이 사용된다.
	소듐라우릴설포아세테이트 SLSA(Sodium Lauryl Sulfoacetate) Data: None 1	코코넛 및 팜유로부터 유래한 가루 타입의 저자극 음이온 계면활성제. 피부에 침투하지 않는 분자 구조로 되어 있어 비교적 안전하게 사용할 수 있고, 피부 보호막을 손상시키지 않으면서 깨끗하게 세정한다. 생분해되어 친환경 제품, 아기용, 여성청결제, 민감성 피부용 등에 주로 사용된다.
	소듐코코일글루타메이트 SCG(Sodium Cocoyl Glutamate) Data: Limited 1	아미노산 계열의 저자극, 생분해성이 뛰어난 계면활성제. 코코넛과 발효된 당분에서 추출하며 자극이 적어 아기용, 민감성 피부용, 주방세제, 클렌징 등에 안전하게 사용할 수 있다.
	소듐코코일이세치오네이트 (엘판84) SCI(Sodium Cocoyl Isethionate) Data: Limited 1	코코넛 오일에서 추출한 지방산과 이세치온산(Isethionic Acid)이 혼합된 약산성 음이온 계면활성제로 자극이 적고 부드러우며 풍부한 거품을 내면서 세정력도 우수하다. 암, 독성, 알레르기 유발 걱정 없이 안심하고 사용할 수 있으며 모든 피부에 사용이 가능하다. 노폐물을 흡수하고 미세먼지를 흡착하여 트러블성 또는 지성피부에도 도움이 된다. 가루 타입과 알갱이 타입이 있다.
양이온	브라시카알코올 Brassicyl Isoleucinate Esylate Brassica Alcohol Data: None 1	유채꽃의 지방산을 사탕수수와 발효시켜 이소류신과 결합하여 만든 천연 양이온 시스템. 모발을 건강하게 해주고 정전기를 방지한다.
	폴리쿼터늄 Polyquaternium-10 Data: Limited 1	양이온성 폴리머로 모발 컨디셔닝, 정전기 방지, 피막 형성제로 사용된다.

양성이온	코코베타인 Coco-Betaine Data: Limited 1	코코넛에서 유래한 계면활성제로 세정력, 점증력이 우수하며 정전기 방지, 컨디셔닝 효과가 있다.
	라우라미도프로필베타인 LPB (Lauramido propyl betaine) Data: Limited 1-3	코코넛에서 얻은 양쪽성 계면활성제로 주로 바디워시, 샴푸에 사용한다. 장기적으로 사용 시 가려움이 생길 수 있어 사용량에 주의한다. 정전기 방지 효과 및 점증력이 뛰어나다.
비이온	데실글루코사이드 Decyl glucoside Data: Limited 2	코코넛, 옥수수, 팜커넬 등에서 추출한다. 강알칼리성으로 세정력을 높여주며 독성이 없고 눈과 피부에 순하다고 알려져 있다.
	라우릴글루코사이드 Lauryl glucoside Data: Limited 1	옥수수, 감자 등의 발효공정으로 만들어지며 생분해성이 뛰어나다. 세정력이 뛰어나며 pH의 영향을 적게 받아 약산성의 제형에서도 뛰어난 거품을 형성한다.
	코코글루코사이드 Coco Glucoside Data: Limited 1	코코넛 알코올과 글루코스의 축합반응물. 피부에 부담을 주지 않으며 뛰어난 세정력이 있다. 사용감이 부드럽고 민감한 피부에도 사용 가능하다.

가용화제 : solubilizer

계면활성제(surfactant)의 한 종류이며 소량의 기름을 다량의 물에 녹이는 역할이다.

종류	특징
올리브리퀴드 (olivem300) Olive Oil Peg 7 Esters Data: Limited 3	PEG를 함유하고 있어 피부에 머무르는 제품보다 씻어내는 제품에 사용을 권장한다. 유성 성분의 2배 정도 사용한다.
폴리글리세릴-4카프레이트 Polyglyseryl-4Caprate Data: Limited 1	PEG 프리 가용화제로 에코솔루빌라이저라고도 부른다. 용해성이 우수하고 친수성이다. 바디워시, 시트 마스크 등에 많이 쓰이고 토너나 젤 제형에 소량의 오일을 분산시켜 용해되도록 돕는다. 유성 성분의 2배 정도 사용한다.
솔베스-30테트라올리에이트 Sorbeth-30 Tetraoleate Data: None	친수성 가용화제. PEG 프리는 아니지만 EWG 1등급의 저자극 성분으로 클렌징 오일, 스킨, 미스트 등 다양한 제품에 사용할 수 있다.

*PEG(Polyethylene glycol) : 화장품, 의약품 등 다양한 분야에서 사용되는 물질이며 자체는 발암물질이 아니지만
제조과정에서 만들어질 수 있는 에틸렌옥사이드(Ethylene Oxide)와 1,4-다이옥산(1,4-Dioxane) 성분이 발암물질로
규제된다.

보존제

제품 안에서 미생물이 성장하는 것을 억제하고 변질이나 변색, 점도 및 질감의 변화,
곰팡이가 발생하는 것을 방지한다.

종류	특징
나프리 방부제 EURO-NApre	이끼, 할미꽃, 산초 등의 식물추출물의 성분으로 만든 천연 보존제로 피부 자극이 적고 기존 합성 방부제의 부작용을 보완하여 나온 제품이다. 1% 사용 시 3개월 보존 효과가 있다.
1.2 헥산디올 1.2 Hexane Diol	보습성과 항균성이 우수한 물질로 합성 방부제의 대체제로 개발된 성분이다. 자극이 거의 없고 피부 수분 증발을 차단하는 보습제 역할도 한다. 배합한도 1~3%로 1% 사용 시 2개월 보존 효과가 있다.
비타민 E	항산화제로 오일의 산화를 막아준다. 1% 사용 권장
그 외 항산화 보존제	자몽씨추출물, 세이지추출물, 녹차추출물, 로즈메리추출물

천연 분말

채소나 과일, 열매 등을 건조하여 얻어내는 분말로 각기 가지고 있는 고유의 특성이 있습니다.
보습, 진정, 피지 제거 및 노폐물 흡착 등 효능별로 선택하여 피부에 맞게 사용해보세요.

분류	종류	효능
보습·진정	오트밀	특별한 알레르기 사례가 없고 보습과 미백, 진정에 탁월하다.
	창포	피부와 두피에 윤기를 주고 수분을 강화시킨다.
	라벤더	피부 트러블을 완화하고 진정시켜준다.
	단호박	건조한 피부에 보습과 생기를 준다.
	클로렐라	주름을 예방하고 피부재생 및 보습에 도움이 된다.
	쑥	보습 및 항균 작용에 탁월하다.
	카카오	보습과 주름 개선에 도움이 된다.
피지 흡착 노폐물 제거·여드름 진정	화이트클레이	피부의 유분 밸런스를 조절하며 진정 효과가 있다.
	핑크클레이	피부정화 및 진정, 과다 피지 조절
	그린클레이	노폐물과 독소를 제거하고 흡착력이 좋다.
	페퍼민트	피지 조절과 각질 제거에 도움이 된다.
	쌀겨	잡티를 제거하고 각질 제거에 좋다.
	숯	노폐물 제거 및 피지를 흡착하는 기능이 뛰어나다.
	녹두	붉은 톤을 잡아주고 해독 작용을 하며 여드름을 완화한다.
	어성초	피부염증을 해독하고 여드름을 가라앉힌다.
미백·수렴	녹차	미백과 각질 제거 효과가 있고 독소를 배출한다.
	진피	트러블을 완화하고 피부를 정화한다.
	율피	주름을 개선하고 보습에 도움이 된다.
	파프리카	주근깨를 억제하고 안색을 밝게 해준다.
	알로에	기미나 여드름을 가라앉히고 미백에 도움이 된다.
	살구씨	미백효과로 잡티를 제거하고 윤기를 준다.
항염·가려움증 완화	카렌듈라	피부재생을 돕고 상처를 치유한다.
	자초	독소를 제거하고 가려움증 완화 및 보습 작용을 한다.
	캐모마일	진정과 보습, 항염 작용을 한다.
	라벤더	피부를 진정시키고 가려움증을 완화한다.
	칼라민	피부를 진정시키고 가려움증을 완화한다.
	로즈메리	가려움을 완화하고 항염작용을 한다.
	노니	항균, 항염 작용에 탁월하다.
	병풀	상처를 치유하고 항산화에 도움이 된다.

첨가물

글리세린 식물성 오일에서 추출하며 화장품에서 가장 대중적으로 많이 사용하는 보습제이다. 수용성이며 수분을 끌어와 유지해주는 기능을 한다. 10% 이상 첨가 시 오히려 건조해진다.

히알루론산 밀의 당과 단백질 성분을 젖산균 발효하여 분리 정제한 것으로 물과 매우 친하다. 자기 무게의 80배의 물을 흡수하며 천연 막을 형성하여 보습을 유지한다. 눈이나 탯줄 등에도 존재하며 사람 피부에 50% 이상 분포되어 있으나 나이가 들수록 감소한다. 보습제 중 수분 유지기능이 가장 뛰어나며 피부의 수분 증발을 막아주어 크림이나 로션 첨가 시 1~3% 사용한다.

알로에베라젤 열대와 온대지방에 폭넓게 자생하고 있는 세계적인 약용식물이다. 알로에에 있는 알로에틴이라는 성분은 세균과 곰팡이에 대한 살균력이 있으며 독소를 중화해준다. 그 외에도 사포닌 항생물질, 상처치유 호르몬 등 다양한 성분이 들어있어 내복이나 외상, 화상 등에도 이용되며 화장품의 원료로도 많이 쓰인다. 단독으로 100%까지 사용 가능하다.

실크아미노산 누에고치 실이 가지고 있는 양질의 두 가지 단백질(세리신, 피브로인)을 분리하여 피브로인만 추출, 가수분해를 통해 18가지 아미노산으로 분리시켜 놓은 것을 말한다. 인체의 단백질과 친화력이 대단히 높기 때문에 부작용의 우려가 없고 한 물질이 18종의 아미노산을 포함하고 있다. 헤어, 스킨 컨디셔닝제로 쓰이며, 흡습성, 방습성, 공기 투과성이 뛰어나다.

디판테놀 판토텐산(비타민 B5)의 알코올 유도체로 프로비타민 B5라고 한다. 특히 판테놀은 모발 제품에서 유용한 성분으로 모발 피질, 두피에 침투하여 모근을 강화한다. 이 외에도 어린아이의 기저귀로 인한 발진, 찰과상, 곤충 등에 물린 곳, 습진과 피부병 등의 피부 손상에 다양하게 사용된다.

세라마이드 세포 간지질의 주요성분. 세라마이드가 감소하면 수분을 붙잡아두는 능력이 현저히 떨어지면서 수분이 쉽게 증발해 피부가 거칠어지고 부스럼, 가려움 등의 증상이 나타나기 쉽다. 외부 자극으로부터 피지를 지켜주고 각질층의 수분 증발을 막아주며 수분 부족으로 인한 주름 생성도 방지한다.

엘라스틴 신체 내에서 합성되는 천연 단백질로 진피와 피하, 피부의 아래 두 층에 분포한다. 천연고분자 단백질로 콜라겐과 함께 피부 탄력과 유연성을 유지하는 데 필수적인 요소로 피부에 영양을 공급하고 모발에 윤기와 탄력을 주며 정전기를 방지한다.

콜라겐 신체 내에서 합성되는 천연 단백질로 진피와 피하, 피부의 아래 두 층에 분포한다. 천연고분자 단백질로 어류에서 추출한 마리콜라겐 또는 식물에서 추출한 아카시아 콜라겐이 있다. 단백질과 다당류를 다량 함유해 피부 탄력을 증가시킨다.

에센셜 오일

에센셜 오일은 식물의 꽃, 줄기, 열매, 뿌리 등에서 추출한 성분으로 휘발성이 높고 복잡한 구조의 화합물로 이루어져 있습니다. 고농도로 농축되어 있으며 빛과 열에 취약합니다. 소독 및 방부 효과가 뛰어나며, 피부와 호흡기를 통해 흡수된 오일은 혈액순환을 통해 친화력을 가진 장기를 찾아 기능을 활성화시킵니다.

주의사항

절대 원액을 바로 사용해서는 안되며(라벤더, 티트리 제외) 식물성 오일이나 캐리어 물질에 희석해서 사용해야 합니다. 노약자나 민감한 피부의 경우는 레시피의 절반만 사용하며 임산부나 3세 이하의 용품에는 사용하지 않습니다.

에센셜 오일의 사용량

※ 에센셜 오일 1방울은 0.05mL, 20방울은 1mL에 해당합니다.

비누: 1~3%

화장품: 0.25~0.5%

유아, 민감성 피부: 기준량의 절반

3세 이하, 임산부: 전문가 이외 사용금지

에센셜 오일 블렌딩 방법

Note	비율	특징	종류
Top note 상향	25~35%	가장 빠르게 휘발되는 향으로 대부분의 감귤류 에센셜 오일이 해당한다. 제일 먼저 감지되는 향이다.	레몬, 라임, 그레이프프루트, 오렌지, 만다린, 베르가못, 유칼립투스, 티트리, 파인
Middle note 중향	55~60%	전체의 분위기를 결정짓는 향으로 가장 중심이 되는 노트이다. 대부분의 에센셜 오일이 해당한다.	라벤더, 페퍼민트, 로즈메리, 레몬그라스, 제라늄, 캐모마일, 팔마로사, 메이창, 진저
Base note 하향	10~15%	향의 지속력을 유지시켜주는 향으로 소량으로도 분위기를 바꿀 수 있다.	패출리, 일랑일랑, 베티버, 시더우드, 샌달우드, 프랑킨센스, 미르, 앱솔루트

TIP

· 시트러스 향을 유지시켜주는 오일: 메이창, 레몬그라스, 시트로넬라

· 전체적으로 조화롭게 해주는 향: 라벤더, 샌달우드

· 향의 숙성을 도와주며 오래 유지되는 향: 일랑일랑, 패출리, 베티버

· 지배력이 강한 향: 유칼립투스, 페퍼민트, 시나몬, 바질

헤어 케어를 위한 에센셜 오일

모든 타입의 두피	제라늄, 라벤더, 로즈메리
건성, 손상된 두피	샌달우드, 프랑킨센스, 라벤더
지성 두피	베르가못, 그레이프프루트, 레몬, 라임, 시더우드, 패출리, 페티그레인
비듬	시더우드, 유칼립투스, 로즈메리, 티트리, 샌달우드
가렵거나 염증이 있는 두피	라벤더, 저먼캐모마일, 티트리
탈모	로즈메리, 진저, 페퍼민트, 일랑일랑, 시더우드
유아용	라벤더, 저먼캐모마일, 로먼캐모마일

스킨 & 바디 케어를 위한 에센셜 오일

모든 피부	라벤더, 제라늄, 팔마로사, 로즈, 재스민, 네롤리, 일랑일랑, 샌달우드
건성피부	라벤더, 팔마로사, 로즈, 샌달우드, 패출리
지성피부	베르가못, 제라늄, 레몬, 라임, 오렌지, 그레이프프루트
복합성 피부	제라늄, 라벤더, 팔마로사, 일랑일랑
노화 피부	라벤더, 프랑킨센스, 패출리, 샌달우드, 로즈, 재스민
민감성 피부	저먼캐모마일, 로먼캐모마일, 로즈, 네롤리, 샌달우드
여드름 피부	라벤더, 티트리, 버가못, 레몬, 그레이프프루트
유아	라벤더, 저먼캐모마일, 로먼캐모마일

피부 타입별
한눈에 보는 재료 팁

타입	오일 및 버터	에센셜 오일
일반	호호바 오일, 아르간 오일, 스위트아몬드 오일, 마카다미아 오일, 올리브 오일	라벤더, 캐모마일, 제라늄, 샌달우드, 팔마로사, 프랑킨센스, 패츌리, 캐롯씨드, 로즈, 재스민, 네롤리, 일랑일랑, 페티그레인
지성	호호바 오일, 포도씨 오일, 살구씨 오일, 녹차씨 오일, 해바라기씨 오일	제라늄, 팔마로사, 오렌지, 버가못, 그레이프프루트, 쥬니퍼베리, 사이프러스, 클라리세이지, 티트리
건성	호호바 오일, 아보카도 오일, 스위트아몬드 오일, 올리브 오일, 로즈힙 오일, 달맞이종자 오일, 코코넛 오일, 시어버터	라벤더, 캐모마일, 샌달우드, 팔마로사, 제라늄, 프랑킨센스, 패츌리, 캐롯씨드, 로즈, 재스민
주름 개선	달맞이종자 오일, 로즈힙 오일, 햄프씨드 오일	프랑킨센스, 캐롯씨드, 재스민, 로즈
민감성	호호바 오일, 카렌듈라 인퓨즈드 오일, 달맞이종자 오일	라벤더, 캐모마일, 로즈
여드름·트러블	호호바 오일, 카렌듈라 인퓨즈드 오일	티트리, 라벤더, 캐모마일
유아	호호바 오일, 카렌듈라 인퓨즈드 오일, 올리브 오일, 달맞이종자 오일	라벤더, 캐모마일

플로럴워터	천연 분말	첨가물
로즈 워터, 캐모마일 워터, 라벤더 워터	오트밀, 쑥, 클로렐라, 파프리카, 병풀	글리세린, 히알루론산, 병풀추출물, 디판테놀, 카렌듈라추출물, 캐모마일추출물, 알로에젤, 알란토인, 셀룰로오즈분말, 실크아미노산, 세라마이드
티트리 워터, 라벤더 워터, 위치헤이즐 워터, 네롤리 워터	어성초, 클레이, 녹두, 칼라민, 숯	어성초추출물, 알로에젤
라벤더 워터, 로즈 워터, 캐모마일 워터	오트밀, 병풀, 쑥, 클로렐라	글리세린, 히알루론산, 콜라겐, 엘라스틴, 병풀추출물, 세라마이드
로즈 워터, 라벤더 워터	로즈힙	콜라겐, 엘라스틴, 세라마이드
로즈 워터, 캐모마일 워터, 라벤더 워터	카렌듈라, 캐모마일, 오트밀	캐모마일추출물, 카렌듈라추출물, 글리세린, 알란토인
티트리 워터, 라벤더 워터	클레이, 칼라민, 카렌듈라, 녹두, 어성초	어성초추출물, 감초추출물, 카렌듈라추출물, 병풀추출물, 디판테놀, 알란토인, 프로폴리스
라벤더 워터, 캐모마일 워터	카렌듈라, 캐모마일, 오트밀	캐모마일추출물, 카렌듈라추출물, 글리세린, 알란토인, 디판테놀, 병풀추출물

Tools
화장품과 비누 제작에 필요한 도구

화장품이나 비누를 만들 때 사용하는 용기나 도구들은 다른 용도로 사용하지 않도록 합니다. 용기와 도구는 유리, 도기, 스테인레스 등 에센셜 오일이나 알코올 성분에 내성이 있는 소재를 선택합니다.

전자저울
재료를 계량할 때 사용합니다. 소량의 재료를 재야 하므로 0.1g부터 3kg까지 정확하게 측정할 수 있는 0.1 전자저울을 추천합니다.

시약스푼·계량스푼
분말을 덜거나 재료를 골고루 섞을 때 사용합니다.

핫플레이트·인덕션
재료에 열을 가해 중탕하거나 녹일 때 사용합니다. 유리 용기를 올릴 경우 가장 약한 열로 작업하고 잔열에 의한 화상에 주의하세요. 인덕션은 용기에 따라 사용이 불가능할 수 있으므로 미리 확인해주세요.

내열 유리 비커
재료를 계량하거나 섞을 때 두루 사용합니다. 열을 가하는 경우도 있기 때문에 내열 유리 소재를 사용하는 것이 좋습니다.

믹싱볼
재료를 계량해 섞거나 반죽할 때 사용합니다. 유리나 스테인레스 소재로 된 것을 고릅니다.

온도계
오일, 가성소다 수용액, 비누액의 온도를 측정할 때 주로 사용합니다. 유리 온도계, 적외선 온도계, 베이킹용 온도계 모두 사용 가능합니다.

주걱
재료를 골고루 섞을 때 주로 사용합니다. 실리콘 알뜰 주걱을 사용하면 몰드나 용기에 재료를 부을 때 깔끔하게 덜어낼 수 있습니다.

핸드 블렌더
저온법 비누 제작 시 오일과 가성소다 수용액을 고르게 섞을 때 주로 사용합니다. 비누용으로 큰 것과 화장품용으로 좀 작은 것을 구비해두면 좋습니다.

비누 몰드
비누액을 담아서 굳힐 때 사용하는 틀로 다양한 사이즈가 있습니다. 몰드가 없다면 우유팩을 활용해도 됩니다.

앞치마
옷에 재료가 튀거나 묻는 것을 막아줍니다.

장갑 & 토시
피부 자극을 피하고 재료의 오염을 막기 위해 사용합니다. 가성소다를 다룰 때는 비누액이 닿지 않도록 각별한 주의가 필요하므로 생분해 니트릴 장갑을 착용합니다.

마스크 & 보안경
가성소다를 다룰 때 발생하는 연기에 목과 코의 점막 등이 손상되지 않도록 마스크를 착용하고 눈가에 비누액이 튈 수 있으므로 보안경을 착용합니다.

Before You Begin

시작하기 전에

**만들기 전
일러두기**

용기와 도구를 소독해서 사용한다

도구나 보존용기를 사용하기 전에 소독용 에탄올을 뿌려서 닦거나 열탕
소독합니다. 손을 잘 씻고 깨끗한 환경을 유지한 뒤에 작업에 들어갑니다.
사용했던 용기나 잼병 같은 유리 용기도 소독해서 재사용이 가능합니다.

새로운 재료는 미리 소량 테스트해본다

피부가 민감한 편이라면 새로운 재료를 쓸 때 미리 테스트를 하는 것이
좋습니다. 특히 에센셜 오일은 체질에 따라 맞지 않는 사람도 있어 주의를
요합니다. 에센셜 오일은 고농도로 응축된 물질로 원액 그대로는 피부에 바르지
않습니다. 캐리어 오일에 에센셜 오일을 1% 농도(캐리어 오일 5mL에 에센셜
오일 1방울)로 첨가해 팔 안쪽에 소량 바르고 하루 정도 상태를 살펴서 이상을
느낀다면 즉시 사용을 중지합니다.

아기나 임산부는 에센셜 오일 사용에 각별히 유의한다

3세 이하의 아기는 에센셜 오일 사용을 금지하며 3세 이상의 유아나 임산부의
경우에도 일부 에센셜 오일에는 주의가 필요합니다.

재료의 보관에 신경을 쓴다

구입한 재료는 유통기한을 확인하고 보관에도 신경을 씁니다. 빛에 취약한
제품은 자외선이 통과하지 않는 갈색이나 녹색 차광병을 사용해 보관합니다.
건조가 끝난 비누는 종이로 싸서 통풍이 잘 되고 서늘한 곳에 보관합니다. 습한
날씨일 때는 제습제 등을 넣고 주변 환경을 건조하게 유지해주는 것이 좋습니다.

사용기한을 확인할 수 있도록 라벨을 붙인다

완성한 화장품, 비누, 세정제에 제품 이름과 제조 날짜를 기록해두고 기한 내에
사용할 수 있도록 합니다.

계량은 정확하게 한다

눈대중으로 만들거나 좋아하는 재료를 많이 넣는 식으로 레시피를 임의로
변경하지 않고 분량을 지켜주세요. 배합량에 따라 효과나 질감에 차이가 생길 수
있습니다.

재료에 따라 안전하게 보호장비를 착용한다

CP 비누 제작으로 가성소다를 다룰 때는 반드시 장갑, 고글, 마스크 등의
보호장비를 착용하고 안전하게 작업합니다.

**용기
소독하기**

에탄올 소독

용기는 소독용 에탄올로 소독해 재사용이 가능합니다. 에탄올을
스프레이 용기에 넣어 용기의 안과 밖, 뚜껑 등에 뿌려서 충분히
적신 뒤 건조해 사용합니다.
펌프는 소독용 에탄올에 담가 20번 정도 펌핑해 안쪽까지 소독될
수 있게 합니다.

열탕 소독

유리 소재의 화장품 용기나 잼병, 소스병 같은 유리병도 열탕 소독해
재사용이 가능합니다. 냄비에 유리병이 반 정도 잠길만큼 찬물을
붓고 유리병의 입구를 아래쪽으로 가게 해 넣어줍니다. 중불에서
끓이다 병 안에 수증기가 차면 3~5분 정도 더 끓여 소독합니다.

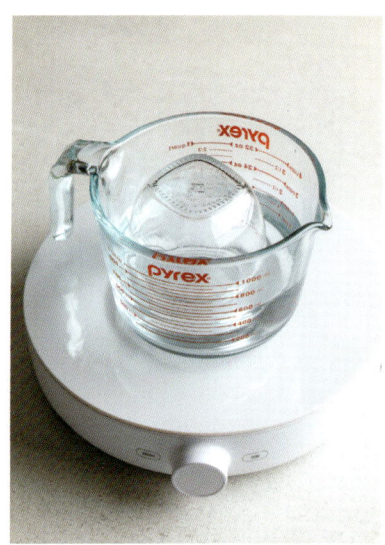

SIMPLE RECIPE

NATURAL INGREDIENTS

ROSE WATER TONER

CLEANSING OIL

CLAY MASK PACK

ALOE GEL CREAM

MULTI BALM

HERB INFUSED OIL

BATH BOMB

BLACK SUGAR
HONEY SCRUB

CLEAN BEAUTY

CRUELTY FREE

Zero waste 1

Skin Care

Zero Waste Beauty

제로 웨이스트
뷰티 루틴

화장품 라벨에 적힌 수많은 성분들, 얼마나 알고 있나요? 피부는 우리 신체의
가장 큰 장기로, 우리가 바르는 모든 것을 그대로 흡수합니다. 필요한 재료만을
넣어 피부의 자극은 최소화하고 기능에 충실한 스킨케어 아이템을 소개해요.
누구나 쉽게 따라 할 수 있는 심플 레시피로 한번 배워 두면 평생 나의 피부를
건강하게 지킬 수 있답니다. 용기는 소독해 재사용이 가능하므로 직접 만들어
쓰는 것만으로 플라스틱 사용을 크게 줄이는 효과가 있습니다.

클렌징	토너	모이스처라이저	스페셜 케어
클렌징 오일 `p.60` 메이크업 잔여물과 노폐물을 녹여주고 과잉 피지를 제거해 모공을 관리하는 데 도움을 준다. 클렌징 오일로 메이크업을 지우고 약산성 클렌징바로 이중세안하면 더 꼼꼼하게 세정할 수 있다.	**로즈 워터 토너** `p.54` 세안 후 건조해진 피부에 수분을 공급하고 피부결을 정돈한다. 다음 단계 화장품의 영양이 피부에 잘 흡수될 수 있도록 도와준다. 피부가 예민하거나 지쳐 있을 때는 토너를 패드에 듬뿍 적셔 양볼, 이마, 턱 등에 올려 5분 정도 토너 팩을 하면 좋다. 여름철에는 토너를 냉장고에 보관 후 피부에 올려주면 쿨링 케어가 가능하다.	**알로에젤 수분크림** `p.72` 피부를 진정시키고 수분을 충전한다. **허브 인퓨즈드 오일** `p.84` 세안이나 샤워 후 얼굴과 몸, 머리끝에 보습 오일로 바른다. 마사지 오일로도 사용할 수 있다. **멀티밤** `p.78` 건조해지기 쉬운 입술, 눈가, 손발과 튼살 부위 등 얼굴과 몸에 수시로 발라 촉촉하게 유지한다.	**클레이 마스크팩** `p.66` 모공 속 묵은 피지와 유분을 세정하고 풍부한 미네랄로 피부를 진정시키고 영양을 공급한다. **블랙슈가 허니 스크럽** `p.98` 각질을 부드럽게 제거해 피부결을 매끄럽고 촉촉하게 만든다. **탄산 입욕제** `p.92` 목욕 시 사용하면 혈액순환을 돕고 근육을 풀어주며 피부결을 매끄럽게 한다.

블랙헤드 관리법

블랙헤드는 모공에 있는 피지가 산화되어 검게 변한
것입니다. 억지로 짜려고 하면 상처가 생기거나 모공이
늘어져 더 두드러져 보일 수 있습니다. 그렇다고 방치하면
모공을 막아 염증을 유발할 수 있어 관리가 필요합니다.
가장 좋은 방법은 클렌징 과정에서 블랙헤드를 자연스럽게
녹여내는 것입니다. 클렌징 오일로 메이크업을 지울 때
블랙헤드 부위를 꼼꼼하게 마사지해 노폐물을 녹여주세요.
클렌징 오일 대신 피지의 분자구조와 같은 호호바 오일을
사용해도 좋습니다. 호호바 오일을 블랙헤드 부위에 바르고
손가락으로 롤링해서 부드럽게 마사지해줍니다.

로즈 워터 토너

Rose Water Toner

토너는 세안 후 건조해진 피부에 수분을
공급하며 피부결을 정돈하고 다음 단계
화장품의 영양이 피부에 잘 흡수될 수 있도록
도와주는 역할을 합니다. 새벽에 갓 딴 장미를
증류해 얻는 로즈 워터는 붉게 달아오른
피부를 진정시키고 촉촉함을 더해줍니다.
플로럴워터에는 미량의 에센셜 오일이
남아있기 때문에 그 자체로도 효과적이지만
피부 타입과 취향에 맞게 식물성 오일이나
첨가물을 더해도 좋아요.
세안 후 손이나 순면 패드에 토너를 적당량
덜어 피부에 부드럽게 펴 발라줍니다. 피부에
휴식이 필요할 때는 진정과 보습 효과가 탁월한
토너를 패드에 적셔서 피부 위에 5~10분
올려두는 토너 팩을 해보세요.

Rose Water Toner
로즈 워터 토너

◦ 분량: 100mL ◦ 추천 사용기한: 2개월

Ingredients

구분	재료	용량	대체 재료
수성	로즈 워터	88g	플로럴워터
유성	호호바 오일	1g	식물성 오일(생략 가능)
가용화제	에코솔루빌라이저	2g	생략 가능
첨가물	글리세린	3g	
보존제	1.2 헥산디올	1g	나프리
향	에센셜 오일	5~10 방울	생략 가능

Recipe note

○ 가용화제인 에코솔루빌라이저(폴리글리세릴-4카프레이트)는 오일을 로즈 워터에 용해하는 역할을 하며, 생략해도 무방해요. 오일을 가용화하기 위한 권장 사용량은 오일양의 3~5배이지만, 이 레시피에서는 토너 총량의 1~2%만 사용했습니다. 사용 전에 오일이 골고루 퍼지도록 흔들어주세요.

○ 호호바 오일과 에센셜 오일, 에코솔루빌라이저를 생략하고 오일 프리 토너로 만들어도 괜찮아요.

○ 호호바 오일과 로즈 워터는 피부 타입에 따라 대체할 수 있어요.

피부 타입별 추천 식물성 오일

건성　마카다미아넛 오일, 스위트아몬드 오일, 올리브 오일, 호호바 오일, 아르간 오일

지성　포도씨 오일, 해바라기씨 오일, 호호바 오일

민감성　호호바 오일, 카렌듈라 인퓨즈드 오일, 달맞이꽃종자 오일

재생　로즈힙 오일, 달맞이꽃종자 오일, 호호바 오일

피부 타입별 추천 플로럴워터

건성　로즈 워터, 라벤더 워터

지성　티트리 워터, 로즈메리 워터, 위치헤이즐 워터

민감성　로즈 워터, 네롤리 워터, 캐모마일 워터, 라벤더 워터

Equipment	0.1 저울, 비커, 막대 또는 스푼, 용기, 소독용 에탄올

Process	1	모든 도구와 용기는 소독용 에탄올로 소독한 후 말려둔다.
	2	비커에 에코솔루빌라이저, 에센셜 오일을 넣고 섞는다.
	3	2에 호호바 오일, 글리세린, 1.2 헥산디올을 순서에 상관없이 넣고 섞는다.
	4	3에 로즈 워터를 천천히 붓는다.
	5	재료가 뭉치지 않게 잘 저어서 섞는다.
	6	소독한 용기에 담는다.

Tip 기한 내에 사용할 수 있도록 만든 날짜를 기록해두세요.

How to use	○	서늘한 곳에 보관하고 사용 전에 흔들어주세요.
	○	세안 후 손이나 순면 패드에 토너를 적당량 덜어 피부에 부드럽게 발라줍니다.
	○	호호바 오일은 온도가 내려가면 굳어요. 냉장 보관 시에는 상온에 잠시 두었다 사용하세요.

클렌징 오일

Cleansing Oil

클렌징은 건강한 피부를 위한 첫걸음으로 소홀할
수 없습니다. 하지만 화장솜에 리무버를 묻혀 색조
메이크업을 지우고, 클렌징 워터로 베이스를 닦아내고,
클렌징폼으로 이중세안하는 과정을 거치다 보면
클렌징으로 상당한 양의 쓰레기가 발생합니다.
가벼운 메이크업의 경우에는 클렌징 오일 하나로
노폐물과 메이크업을 간편하게 제거할 수 있답니다.
시중에 판매되는 클렌징 오일의 경우 화학 방부제나
유화제, 합성향료와 색소, 실리콘 오일 등 피부에 자극을
주거나 알레르기를 유발할 수 있는 성분들이 들어있을
수 있어 민감한 피부라면 주의가 필요합니다. 클렌징
오일은 만드는 방법도 아주 간단하고 오일의 배합을
통해 내 피부 타입에 맞게 레시피를 짤 수 있어요.
특히 호호바 오일은 피지의 분자구조와 같아서 피부에
자극 없이 메이크업 잔여물을 녹여줄 뿐만 아니라 과잉
피지와 노폐물을 제거하고 모공을 관리하는 데 도움을
줍니다. 피지 분비의 밸런스를 조절해주어 세안 후
당김이 적기 때문에 피부 타입에 관계없이 무난하게
사용 할 수 있는 클렌징 오일이랍니다.

Cleansing Oil 클렌징 오일

◦ 분량: 100mL ◦ 추천 사용기한 : 5개월

Ingredients

구분	재료	용량	대체 재료
가용화제	솔베스-30테트라올리에이트	10g	올리브리퀴드
유성	호호바 오일	40g	식물성 오일
	포도씨 오일	20g	식물성 오일
	스위트아몬드 오일	28g	식물성 오일
보존제	비타민 E	1g	
향	에센셜 오일	1g	생략 가능

Recipe note

○ 솔베스-30테트라올리에이트는 자연유래 성분으로 만든 EWG 1등급(유해성분이 가장 낮은 그린 등급)의 계면활성제입니다. 클렌징 오일에 많이 쓰이는 올리브리퀴드(EWG 3등급)보다 안전성에서 높은 평가를 받지만 PEG 프리는 아닙니다. 가용화제를 생략해도 클렌징 오일을 만들 수 있지만 물과 기름을 섞어주는 성분이 없어 피부에 오일감이 남게 됩니다. 남은 오일이 모공을 막아 트러블을 발생시킬 수 있어서 가용화제를 생략했다면 꼼꼼한 이중세안이 필요합니다.

○ 오일은 한 종류만 단독으로 사용해도 괜찮지만, 다양한 영양분을 고려해 피부 타입에 맞게 자유롭게 섞어보세요. 가정에 있는 식용 오일로 사용해도 무방합니다.

피부 타입별 추천 식물성 오일

건성   올리브 오일, 스위트아몬드 오일, 호호바 오일
지성   포도씨 오일, 살구씨 오일, 호호바 오일, 해바라기씨 오일

○ 오일은 물로 씻어내기 때문에 향을 내는 에센셜 오일은 생략해도 괜찮아요. 향기를 더하고 싶다면 가볍게 사용할 수 있는 스위트오렌지, 라벤더, 티트리를 추천해요.

○ 비타민 E는 항산화제로 오일의 산화를 막아주는 보존제 역할을 해요.

Equipment		0.1 저울, 비커, 막대 또는 스푼, 용기, 소독용 에탄올
Process	1	모든 도구와 용기는 소독용 에탄올로 소독한 후 말려둔다.
	2	용기에 솔베스-30테트라올리에이트와 에센셜 오일을 넣고 잘 섞는다. Tip 향을 더해주는 에센셜 오일은 생략해도 괜찮아요.
	3	2에 유성 재료를 차례로 넣고 잘 섞는다.
	4	비타민 E를 넣고 잘 섞는다. Tip 기한 내에 사용할 수 있도록 만든 날짜를 기록해두세요.
How to use	○	뚜껑이 있는 용기에 넣어 서늘한 곳에 보관하세요.
	○	클렌징 오일을 손에 덜어 물 묻힌 얼굴에 골고루 바른 뒤 마사지하듯 문질러주세요. 가용화제 때문에 유화현상이 일어나 우유색처럼 바뀌면 미온수로 가볍게 헹궈줍니다.
	○	클렌징 오일이 피부에 남아 있을 경우 모공을 막아 트러블을 유발할 수 있어요. 적당량을 사용하는 것이 좋아요.

클레이 마스크팩
Clay Mask Pack

피지 관리를 소홀히 하면 모공이 넓어지고, 넓어진 모공
속으로 노폐물과 메이크업 잔여물이 쌓이며 피지가
차오르는 악순환이 반복되지요. 과도하게 분비된
피지는 피부의 유수분 밸런스를 무너뜨리고 모공을 막아
트러블을 유발하기도 해요. 클레이는 뛰어난 흡착력으로
모공 속 묵은 피지와 유분을 말끔하게 세정하는 효과가
탁월해요. 또한 풍부한 미네랄로 피부를 진정시키고
영양을 공급해줍니다.

흔히 사용하는 시트 마스크팩은 나일론과 폴리에스테르
등을 혼합한 섬유로 만들어진 경우가 많아요. 이 시트는
쉽게 분해되지 않아 미세플라스틱을 유발할 수 있어요.
클레이 마스크팩은 물로 씻어내는 워시 오프 타입이라
피부와 지구를 모두 지킬 수 있답니다.

클레이는 오염되지 않은 강가의 지하 깊이 존재하는
점토를 햇볕에 자연 건조해서 미네랄을 활성화시킨
것이에요. 포함된 미네랄 비율에 따라 색이 달라지고
효과에도 차이가 있답니다. 내 피부 고민에 맞게 다양한
팩을 만들어 보세요.

옐로클레이　　유황 성분이 풍부한 옐로클레이는 독소를 배출하고 스트레스를 줄여
　　　　　　　안색을 맑게 해줘요.

화이트클레이　미네랄의 함량이 높고 피부 진정효과가 뛰어나 민감한 피부에 좋아요.

레드클레이　　철분을 많이 포함하고 있는 레드클레이는 붉은 피부 또는 민감한 피부
　　　　　　　개선에 좋고 피부를 건강하게 가꿔줍니다.

그린클레이　　독소 및 피지를 흡착하는 효능이 가장 뛰어나 딥클렌징 팩으로 많이
　　　　　　　사용됩니다.

핑크클레이　　모든 피부에 적합하며 진정효과가 뛰어나 특히 민감한 피부에 좋아요.
　　　　　　　산화철과 구리를 함유해 피부를 탄력있게 가꿔줍니다.

Deep Cleansing Clay Mask Pack

딥클렌징 클레이 마스크팩

Ingredients

◦ 분량: 50mL ◦ 추천 사용기한 : 3개월

구분	재료	용량	대체 재료
분말	그린클레이	33g	클레이 또는 황토
유성	호호바 오일	3g	식물성 오일
수성	위치헤이즐 워터	8g	플로럴워터
가용화제	에코솔루빌라이저	3g	
첨가물	글리세린	5g	
보존제	1.2 헥산디올	1g	나프리
향	에센셜 오일	0.5g (10방울)	생략 가능

Recipe note

○ 미세먼지 흡착과 독소 제거에 효과적인 그린클레이를 사용했어요. 모공 속의 노폐물을 제거하고 피부를 매끄럽게 가꿔주는 딥클렌징 팩이에요.

○ 호호바 오일과 위치헤이즐 워터는 피부 타입에 따라 대체할 수 있어요. → p.56 참고

○ 에센셜 오일은 피부 트러블 케어를 돕고 항균 작용을 하며 피지 분비 조절에 도움을 줄 수 있는 티트리를 추천해요.

Equipment	0.1 저울, 비커, 볼, 막대 또는 스푼, 용기, 소독용 에탄올

Process		
	1	모든 도구와 용기는 소독용 에탄올로 소독한 후 말려둔다.
	2	호호바 오일, 위치헤이즐 워터, 에코솔루빌라이저, 글리세린, 1.2 헥산디올을 순서에 상관없이 비커에 넣는다.
	3	그린클레이를 볼에 담는다.
	4	2에 에센셜 오일을 넣고 섞는다. Tip 향을 더해주는 에센셜 오일은 생략해도 괜찮아요.
	5	4를 클레이 위로 붓는다.
	6	가루가 보이지 않게 골고루 섞은 뒤 용기에 담는다. Tip 기한 내에 사용할 수 있도록 만든 날짜를 기록해두세요.

How to use	
	○ 뚜껑이 있는 용기에 넣어 서늘한 곳에 보관하세요.
	○ 세안 후 얼굴에 팩을 골고루 펴 바르세요. 약 5~10분 후 미온수로 씻어내세요.
	○ 팩을 너무 자주 하면 피지막이 손실되어 오히려 피지 분비를 촉진할 수 있어요. 일주일에 한두 번 케어하는 것을 추천해요.

알로에젤 수분크림

Aloe Gel Cream

고대 이집트의 의학 문서에 '영원의 식물'로
소개된 알로에는 당시에도 화상·염증 치료에
사용되었다고 해요. 클레오파트라가 아름다움을
가꾸기 위해 사용한 식물로도 유명하지요.
무더위에 피부가 화끈거리거나 환절기에 피부가
민감해진 느낌이 든다면 알로에젤 수분크림으로
피부를 진정시켜주세요. 특히 여름철에 냉장고에
넣어두었다가 사용하면 피부 진정 및 열감을
내리는 데 효과적이에요.
알로에의 두꺼운 잎 안에 젤리 같은 알로에젤
성분은 비타민 A·B·C·E 등 영양이 풍부하고
수분을 빠르게 공급해 햇빛에 의한 화상이나 자극
완화에 도움을 준답니다. 시중에 알로에젤을
활용한 '수딩젤'을 많이 볼 수 있는데, 내 피부
타입에 밑춤형으로 직접 만들어 보세요.

알로에젤 수분크림

◦ 분량: 100mL ◦ 추천 사용기한: 3개월

Ingredients

구분	재료	용량	대체 재료
	알로에베라젤	74g	
수성	정제수	20g	플로럴워터
유성	호호바 오일	4g	식물성 오일
보존제	1.2 헥산디올	1g	나프리
향	에센셜 오일	10방울 (0.5g)	생략 가능

Recipe note

○ 알로에에 들어있는 '알로에틴' 성분은 살균 및 해독작용을 하고 멜라닌 색소 침착을 예방해줍니다. 열감을 내려주고 피부 진정효과가 탁월해 단독으로 100%까지 사용 가능합니다.

○ 정제수 대신 라벤더 워터나 로즈 워터를 사용하면 수분감이 더 좋아져요. 트러블성 피부에는 정제수 대신 티트리 워터, 라벤더 워터, 캐모마일 워터를 사용하면 피부 진정에 도움을 줍니다.

○ 에센셜 오일로 제라늄, 라벤더, 팔마로사, 프랑킨센스를 사용하면 수분감이 더 좋아져요. 트러블성 피부에는 에센셜 오일로 티트리, 라벤더, 저먼캐모마일, 로먼캐모마일을 사용하면 피부 진정에 도움을 줍니다.

○ 호호바 오일은 피부 타입에 따라 다른 식물성 오일로 대체할 수 있어요. → p.56 참고

Equipment	0.1 저울, 비커, 스푼, 용기, 소독용 에탄올

Process	**1**	모든 도구와 용기는 소독용 에탄올로 소독한 후 말려둔다.
	2	비커에 알로에베라젤과 에센셜 오일을 넣고 잘 섞는다.
	3	2에 정제수, 호호바 오일, 1.2 헥산디올을 순서에 상관없이 넣는다.
	4	재료들이 뭉치지 않도록 잘 섞는다.
	5	소독한 용기에 담는다.

Tip 기한 내에 사용할 수 있도록 만든 날짜를 기록해두세요.

How to use	○	차광 용기에 넣어 서늘한 곳에 보관하세요.
	○	토너를 바른 다음 에센스 단계 또는 마지막 단계에 사용하세요.
	○	여름철에는 냉장고에 차갑게 보관해 피부 진정 및 열감을 내리는 용도로 쓸 수 있어요.

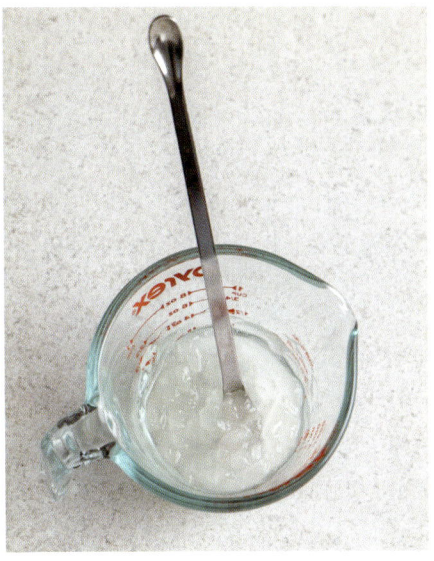

077

멀티밤
Multi Balm

어린 아이부터 민감한 피부의 성인까지
안심하고 사용할 수 있는 고농축
멀티밤이랍니다. 건조해지기 쉬운 입술,
눈가, 손발과 튼살 부위 등 얼굴과 몸에
수시로 바르는 제품인 만큼 안전한
성분으로 만드는 것이 중요해요. 작은
사이즈의 틴케이스에 담아 간편하게 들고
다니면서 건조함이 느껴지는 부위에 발라
촉촉한 피부를 유지해주세요. 즉각적인
보습이 가능해 특히 건조한 계절에
활용도가 높답니다.
부드러운 시어버터와 올리브 오일이
피부에 영양과 수분을 공급하고
스위트아몬드 오일이 피부를 매끄럽게
만들어줍니다. 호호바 오일이나
시어버터는 상처 난 피부를 회복시키고
가려움을 완화시켜주는 효과가 있어요.
벌레 물린 곳에 발라 가려움을 진정시키는
언고로도 추천해요.

Multi Balm 멀티밤

∘ 분량 : 30mL ∘ 추천 사용기한 : 6개월

Ingredients

구분	재료	용량	대체 재료
유성	호호바 오일	8g	식물성 오일
	마카다미아 오일	6g	
	올리브 오일	2g	
	시어버터	8g	망고버터
	칸데릴라왁스	6g	비즈왁스
보존제	비타민 E	0.5g	
향	에센셜 오일	1~3방울	생략 가능

Recipe note

○ 왁스와 오일의 비율은 왁스 20%, 오일 80%를 기본으로 합니다.
좀 더 단단한 느낌을 원하면 왁스를 30%까지 늘려주세요.

○ 가렵거나 벌레 물린 곳에 사용할 경우에 유성 재료는 호호바
오일과 시어버터만 넣어서 만들어도 좋습니다.

○ 에센셜 오일을 활용해 멀티밤에 다양한 기능을 더할 수 있어요.

에센셜 오일 추천

보습 기능 강화   제라늄, 라벤더, 팔마로사, 프랑킨센스

재생 기능 강화   캐롯씨드, 프랑킨센스, 패츌리, 로즈, 미르

벌레 물린 곳   라벤더, 티트리, 페퍼민트(각 한 방울씩)

아이용 밤   라벤더, 티트리, 저먼캐모마일(각 한 방울씩)

Equipment	0.1 저울, 핫플레이트, 비커, 막대 또는 스푼, 용기, 소독용 에탄올

Process

1 모든 도구와 용기는 소독용 에탄올로 소독한 후 말려둔다.

2 비커에 유성 재료를 모두 담는다.

3 2를 핫플레이트 올려 끓지 않게 주의하며 70도 정도에 녹인다.

4 유성 재료를 완전히 녹인 후 비타민 E와 에센셜 오일을 넣는다.

5 재료들이 뭉치지 않도록 잘 섞는다.

6 용기에 담아서 실온에 두어 굳힌다.
　Tip 기한 내에 사용할 수 있도록 만든 날짜를 기록해두세요.

How to use

○ 틴케이스처럼 휴대가 편하고 뚜껑이 있는 넓은 용기에 넣어 서늘한 곳에 보관하세요.

○ 손끝으로 밤을 녹여서 피부의 건조한 곳에 수시로 발라주세요.

○ 입술에 립밤처럼 발라주면 촉촉한 입술을 유지할 수 있어요.

○ 손발톱 큐티클이나 머리카락 끝, 각질이 일어나기 쉬운 팔꿈치나 발꿈치에 발라 촉촉하게 유지할 수 있어요.

○ 눈가와 입술에 발라 간단한 메이크업 클렌징에 활용할 수 있어요.

○ 스킨케어 마지막 단계에 소량 덜어내어 손바닥에 묻혀 양 볼에 지그시 눌러주면 촉촉한 피부결로 가꿀 수 있어요.

2

3

4

5

6

Safety note

☑ 너무 따뜻한 곳에서는
왁스가 녹아 흐를 수
있으니 옷의 포켓에
넣어두거나 열기구 옆에
두지 마세요.

Herb
Infused
Oil

허브 인퓨즈드 오일

바디오일은 물론 페이스, 헤어용으로도 사용할
수 있는 올인원 오일이에요. 인퓨즈드 오일은
약용 허브의 유효한 지용성 성분을 식물성 오일에
우려내는 방식입니다. 인퓨즈드 오일에 사용하는
대표적인 허브로는 카렌듈라, 캐모마일, 캐롯뿌리,
애니카 등이 있어요.
그중 금잔화라고도 불리는 카렌듈라는 고대 그리스
로마 시대부터 약용과 요리에 쓰인 허브예요.
플라보노이드 성분을 다량 함유하고 있어 항균,
항염 작용이 뛰어나고, 카로티노이드 성분이
상처치유 및 진정 작용을 해 민감한 피부에도
도움이 됩니다. 대부분의 식물성 오일을 베이스로
사용할 수 있는데, 특히 호호바 오일은 상온에서
산화안정성이 뛰어납니다. 가려움증을 완화해주며
민감한 피부 진정에도 도움을 주어 카렌듈라와
만나면 시너지가 더 좋답니다.

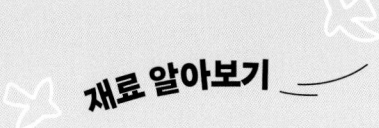 **재료 알아보기**

인퓨즈드 오일에 사용하면 좋은 허브	인퓨즈드 오일의 재료가 될 수 있는 대표적인 허브를 소개해요. 아래의 허브들 외에 병풀, 네틀(쐐기풀), 자초, 감초, 히비스커스 등 다양한 식물을 인퓨즈드 오일에 사용할 수 있어요. 생허브의 경우 수확하여 24~26도의 상온에서 잘 말려서 사용합니다. 수분을 제거할수록 식물의 영양성분이 오일에 잘 스며들고 침출 시 곰팡이가 생기거나 변질되는 것을 막을 수 있어요. 다만 향은 생허브에 비해 약해집니다. 허브를 잘게 다져서 넣으면 유효성분을 더 빠르게 추출할 수 있습니다.

캐모마일	가장 오래된 약용식물 중 하나로 여드름, 습진, 아토피 등 광범위한 피부 트러블에 효과적이다. 단, 국화과 식물 알레르기가 있을 경우에 주의를 요한다.
세인트존스워트	하이퍼리쿰(hypericum)이라고도 하며 진통, 항염, 신경통, 항바이러스에 효과적으로 알려져 있다. 국내에서 구하기 쉽지 않은 허브이지만 약용가치가 뛰어나다.
로즈메리	피부를 청결하게 하고 부종을 완화하는 효과가 있으며 비듬과 탈모를 방지한다. 근육통이나 림프순환에도 좋아 로즈메리 인퓨즈드 오일을 마사지 오일로 사용하면 좋다.
레몬밤	멜리사(melissa)라고도 부르며 레몬밤 인퓨즈드 오일을 마사지 오일로 사용하면 긴장이나 불안감 해소에 도움을 줄 수 있다.
라벤더	스트레스와 긴장을 풀어주고 숙면에도 도움이 되는 허브이다. 광범위한 피부질환에 사용되며 염증, 습진, 아토피, 벌레 물린 곳의 가려움증 완화에 효과적이다.
애버래스팅	이모르텔(immortelle)이라는 허브로 국화과 식물에 공통적으로 있는 항염 작용을 기대할 수 있다. 가려움증 완화에도 도움을 준다. 단, 국화과 식물 알레르기가 있을 경우에 주의를 요한다.

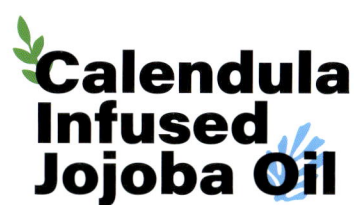

**카렌듈라 인퓨즈드
호호바 오일**

◦ 분량: 300mL ◦ 추천 사용기한 : 6개월

Ingredients

구분	재료	용량	대체 재료
허브	말린 카렌듈라 허브	300mL 용기 가득	말린 허브
유성	호호바 오일	300mL 용기 가득	식물성 오일
보존제	비타민 E	3~5g	

Recipe note

○ 식물성 오일로 저장기간이 긴 호호바 오일이나 올리브 오일 등을
주로 사용하지만 빠르게 추출할 때는 포도씨나 해바라기씨 오일을
사용하기도 해요.

○ 산화안정성이 뛰어난 호호바 오일 베이스의 인퓨즈드 오일은
보관에 따라 18~24개월까지 사용이 가능합니다.

피부 타입별 추천 식물성 오일

건성	마카다미아넛 오일, 스위트아몬드 오일, 올리브 오일, 호호바 오일, 아르간 오일
지성	포도씨 오일, 해바라기씨 오일, 호호바 오일
민감성 & 유아	호호바 오일, 달맞이꽃종자 오일
재생	로즈힙 오일, 달맞이꽃종자 오일, 호호바 오일

| **Equipment** | 0.1 저울, 핫플레이트, 비커, 유리병, 소독용 에탄올, 체망, 차광 용기 |

Process

1 모든 도구와 용기는 소독용 에탄올로 소독한 후 말려둔다. 침출할 유리병은 열탕 소독해서 준비한다.
   Tip 침출할 용기는 잼병이나 소스병 같은 투명한 유리병을 재활용할 수 있어요. 냄비에 유리병이 반 정도 잠길만큼 찬물을 붓고 유리병의 입구가 아랫쪽으로 오도록 해서 넣어요. 중불에서 끓이다 병 안에 수증기가 차면 3~5분 정도 더 끓여 소독합니다.

2 말린 카렌듈라 허브를 병에 가득 채운다.

3 호호바 오일을 병에 가득 채운다.
   Tip 단시간에 허브를 우려낼 때는 식물성 오일과 허브를 냄비에 담고 주걱으로 저어가며 50~60도 정도에 2~3시간 가열한다.

4 뚜껑을 닫아 산소를 차단한 후 해가 잘 드는 곳에 놓아두고 하루에 한 번씩 병을 세차게 흔들어 섞어준다.

5 4~6주 후 허브를 체망에 거른다.

6 비타민 E를 첨가한 후 차광 용기에 담는다.
   Tip 걸러낸 허브는 잘게 빻아서 비누 만들 때 넣어도 좋아요.

How to use

○ 완성한 인퓨즈드 오일은 차광 용기에 담아 서늘한 곳에 보관하세요.

○ 인퓨즈드 오일은 단독으로 써도 좋고 다른 식물성 오일에 섞어서 사용할 수도 있어요.

○ 로션이나 크림 및 멀티밤 등을 만들 때 식물성 오일 재료로 사용할 수 있어요.

○ 세안이나 샤워 후 얼굴과 몸에 바로 바르는 보습 오일이나 마사지 오일로 사용할 수 있어요.

○ 건조한 모발 끝부분에 헤어 오일로 사용할 수 있어요.

1

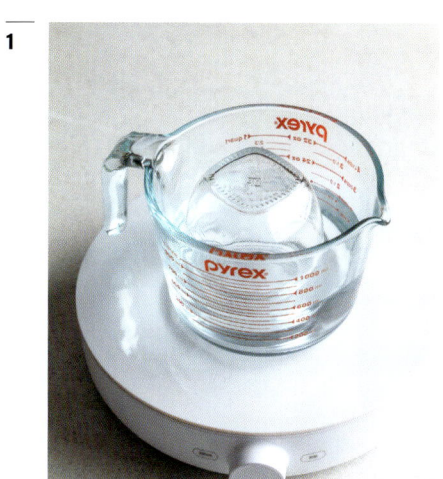

2

3

4

5

6

Bath Bomb 탄산 입욕제

일반적으로 베이킹소다로 알려진
탄산수소나트륨은 약알칼리성 천연 미네랄
성분으로 인체에 무해해요. 산성인 기름때를
중화해 쉽게 지워지게 하고 금속이온을 흡착해
물을 보다 부드럽게 만들어줍니다.
구연산이 탄산수소나트륨과 만났을 때 생기는
탄산가스는 혈액순환을 돕고 근육을 풀어주어
피부의 대사를 좋게 합니다. 베이킹소다와 만나면
알칼리 중화작용을 해 피부에 더 순하게 사용할
수 있어요. 세정효과와 보습을 동시에 줄 수 있는
탄산 입욕제를 한 스푼씩 물에 풀어 사용해보세요.
마치 온천에 온 것 같은 기분이 들 거예요.

 **탄산 입욕제**

Ingredients

◦ 분량: 300g ◦ 추천 사용기한 : 1년

구분	재료	용량	대체 재료
분말	탄산수소나트륨(베이킹소다)	150g	
	무수구연산	100g	
	옥수수전분	40g	
유성	올리브 오일	5g	식물성 오일
수성	글리세린	5g	생략 가능
향	에센셜 오일	6~10방울	생략 가능

Recipe note

○ 글리세린은 보습감을 더해주는 재료로 생략해도 괜찮아요.

○ 올리브 오일은 피부 타입에 따라 다른 식물성 오일로 대체할 수 있어요. → p.56 참고

○ 에센셜 오일을 블렌딩하면 향을 더하고 아로마테라피 효과를 볼 수 있어요.

효능별 에센셜 오일 추천

숙면, 힐링, 스트레스 완화	스위트오렌지, 라벤더, 패츌리, 로먼캐모마일, 네롤리, 제라늄, 샌달우드
활력	그레이프프루트, 스위트오렌지, 베르가못, 레몬(라벤더와 1:1로 희석해서 사용)
유아	라벤더, 로먼캐모마일(성인 기준 사용량의 절반 이하로 희석해서 사용)
족욕	페퍼민트, 스피어민트, 레몬, 사이프러스, 티트리, 쥬니퍼베리
아토피 및 민감성	라벤더, 로먼캐모마일, 저먼캐모마일, 샌달우드

Equipment	0.1 저울, 볼, 비커, 거품기, 얼음틀, 소독용 에탄올

Process

1 모든 도구와 용기는 소독용 에탄올로 소독한 후 말려둔다.

2 넓은 볼에 분말 재료를 모두 계량하여 담는다.

3 거품기로 가루 재료가 뭉친 부분이 없도록 잘 섞는다.
   Tip 거품기가 없다면 손으로 비벼주세요.

4 비커에 올리브 오일, 글리세린, 에센셜 오일을 넣고 잘 섞은 뒤 분말
   위로 붓는다.

5 거품기로 잘 섞은 후 뭉친 부분은 손으로 비벼서 골고루
   잘 푼다.

6 모양을 원한다면 얼음틀에 가득 담아 꾹꾹 눌러준다.

7 한 시간 뒤에 탈형해서 통에 담는다.
   Tip 기한 내에 사용할 수 있도록 만든 날짜를 기록해두세요.

How to use

○ 습기에 취약하므로 건조한 곳에 보관합니다.

○ 미온수에 일반 스푼으로 한 스푼(15mL) 또는 3알 정도 넣고
   입욕합니다.

Safety note

☑ 6세 이하가 사용할 경우에는 에센셜 오일을 생략합니다.

☑ 피부에 자극적인 에센셜 오일은 피해주세요.
   피해야 하는 오일: 페퍼민트, 로즈메리, 유칼립투스, 파인, 시나몬,
   레몬그라스(페퍼민트와 로즈메리는 한 방울 정도 족욕에 사용 가능)

☑ 에센셜 오일 중 레몬, 오렌지, 그레이프프루트, 라임 등은
   라벤더와 1:1로 함께 블렌딩 해주세요.

블랙슈가 허니 스크럽

Black Sugar
Honey Scrub

각질 제거 효과가 있는 클렌징폼이나 스크럽 제품에 들어있는 미세플라스틱이 강과 바다 등으로 흘러 들어가 환경을 오염시킨다는 사실이 크게 이슈가 된 적이 있어요. 알갱이가 너무 미세하다 보니 걸러지지 않고 하수 찌꺼기로 그대로 방출되어 해양을 오염시킨 것이지요. 가정에서 사용하는 천연 재료로 쉽게 만드는 스크럽을 소개해요. 쫀쫀한 꿀과 흑설탕 알갱이가 노폐물과 각질을 부드럽게 제거해 피부 결을 매끄럽고 촉촉하게 만들어줍니다. 흑설탕은 무기질과 미네랄이 풍부하고 원당고유의 당밀 냄새가 납니다. 백설탕보다 결정의 크기가 좀 더 커서 스크럽으로 사용하기 좋답니다.

Black Sugar Honey Scrub

블랙슈가 허니 스크럽

Ingredients

◦ 분량: 100mL ◦ 추천 사용기한 : 3개월

재료	용량	대체 재료
흑설탕	50g	소금, 커피 가루
꿀	25g	
호호바 오일	18g	식물성 오일
비타민 E	2g	
솔베스-30테트라올리에이트	4g	생략 가능
에센셜 오일	1g	생략 가능

Recipe note

○ 가용화제인 솔베스-30테트라올리에이트가 들어가면 잘 씻겨나가 사용감이 더 깔끔합니다.

○ 설탕 대신 커피 가루를 활용해도 좋아요. 커피 가루는 항산화 효과가 풍부하며 각질층은 물론 셀룰라이트 제거에도 도움이 됩니다. 커피를 내리고 난 뒤 남은 가루를 잘 말려서 사용하세요.

○ 설탕 대신 소금을 활용해도 좋아요. 소금에 칼슘, 마그네슘, 칼륨, 구리, 철 등 미네랄이 풍부하여 피부염증을 제거하고 신진대사를 활성화해서 부기를 완화해줍니다. 천일염이나 사해소금 등을 추천하며 설탕보다는 입자가 굵어 얼굴에는 자극이 될 수 있으므로 바디 스크럽으로 사용하세요.

○ 심플하게 1회 분량을 만들 때는 흑설탕 2스푼 + 꿀 1스푼 + 식물성 오일 1스푼(올리브 오일, 포도씨 오일 등)을 그릇에 넣고 잘 섞어주세요.

○ 호호바 오일은 피부 타입에 따라 다른 식물성 오일로 대체할 수 있어요. → p.56 참고

Equipment	0.1 저울, 볼, 막대 또는 스푼, 용기, 소독용 에탄올

Process

1 모든 도구와 용기는 소독용 에탄올로 소독한 후 말려둔다.

2 볼에 모든 재료를 계량하여 담고 잘 섞는다.

3 소독한 용기에 담는다.
   Tip 기한 내에 사용할 수 있도록 만든 날짜를 기록해두세요.

How to use

○ 뚜껑이 있는 용기에 넣어 서늘한 곳에 보관하세요.

○ 물기가 있는 상태에서 얼굴 또는 몸에 바르고 눈가와 입가를
   제외한 부위를 골고루 마사지합니다. 10~15분 후 미지근한 물로
   씻어내고 남아있는 유분감은 그대로 흡수시켜주세요.

RE-BATCHING SOAP

SHAMPOO BAR

TREATMENT BAR

BODYWASH BAR

FACE CLEANSER BAR

ALL IN ONE BAR

PET SHAMPOO BAR

COCONUT CASTILE SOAP

OLIVE MARSEILLE SOAP

GENTLE CLEANSER

LOVE YOUR BODY

PLASTIC FREE

2

Zero Waste

Soap

All About Soaps 비누 알아보기

비누의 종류 및 특징

비누는 만드는 방법에 따라 다양한 종류가 있습니다. 이 책에서는 CP비누, 리배칭 비누, 약산성 비누를 다루는데 각각의 특징을 알아보세요.

MP 비누 Melt & Pour Soap

이미 만들어진 비누 베이스를 녹여 원하는 색소나 향, 기타첨가물을 넣어 굳히는 '녹여 붓기' 방식으로 만듭니다. 가성소다를 다루지 않아도 되므로 초보자들이 안전하게 만들 수 있습니다. 숙성이 필요 없이 제조 뒤 바로 사용이 가능합니다.

CP 비누 Cold Process Soap

오일과 가성소다를 저온에서 혼합하는 저온법으로 만드는 대표적인 천연 비누입니다. 평균 40~50도의 저온에서 오일과 가성소다를 혼합한 후 하루 정도 지나면 비누가 완성됩니다. 비누에 따라 차이가 있지만 보통 제작 후 약 4주 정도의 건조과정을 거쳐 수분을 날리고 비누의 밀도를 높여줍니다. 자른 비누는 통풍이 잘 되고 햇빛이 없는 선반에 두고 보관합니다. 습한 날씨에는 제습기를 시용하는 것을 추천합니다.

HP 비누 Hot process Soap

오일과 가성소다를 고온에서 혼합하는 고온법으로 만드는 비누입니다. 60도 이상의 온도에서 교반하여 투명한 비누나 물비누를 제조할 수도 있습니다. CP비누처럼 건조, 숙성 시간이 따로 필요하지 않아 빠른 사용이 가능합니다.

리배칭 비누 Rebatching Soap

저온법으로 만들어진 비누를 잘라서 녹인 후 다시 새로운 비누로 재탄생시키는 방법입니다. 비누를 만들고 남은 자투리를 버리지 않고 활용할 수 있으며 다시 가열해서 만들기 때문에 좀 더 순한 비누가 만들어집니다.

약산성 비누 Bar Type Soap

천연 고체 비누는 가성소다(강알카리성)를 사용하므로 약산성으로 만들 수 없습니다. 약산성 비누는 식물에서 유래한 약산성 계면활성제와 기타 첨가물을 섞어서 만듭니다. 반죽 형태로 빚어서 간편하게 만들 수 있으며 제조 뒤 바로 사용이 가능합니다. 약산성 비누를 이용하면 피부, 모발의 pH의 농도와 비슷한 약산성 상태를 유지해주기 때문에 더 건강하게 가꿀 수 있습니다.

비누를 만들기 전 알아 두면 좋은 용어

저온법으로 만드는 CP 비누는 단계별로 거쳐야 하는 과정들이 있습니다. 이때 사용되는 전문적인 용어들을 미리 익혀 두면 편리해요.

비누화

베이스 오일과 가성소다 수용액을 섞은 후 비누와 글리세린이 생성되는 과정을 '비누화 된다'고 표현합니다.

교반온도

물리적 또는 화학적 성질이 다른 물질을 혼합 상태로 만드는 것을 교반이라고 합니다. 교반온도는 오일과 가성소다가 교반해서 비누화 반응을 일으키기 적절한 온도를 말합니다. CP 비누는 오일에 따라 조금씩 차이가 있지만 보통 35~40도 정도를 교반온도로 잡습니다.

비누화 값(가성소다 값)

오일 1g을 비누로 만드는데 필요한 가성소다나 가성가리 양을 말합니다. 오일별로 비누화 값은 다릅니다. → 오일별 비누화 값 및 계산법 p.222 참고

트레이스

오일과 가성소다 수용액을 섞은 후 저어주면 액상에서 점점 걸쭉한 상태가 되는데, 비누액의 표면에 흔적이 남는 상태를 트레이스(trace, 흔적)라고 합니다. 너무 묽은 상태에서는 비누화가 잘 이뤄지지 않으므로 트레이스를 적절하게 내는 게 중요합니다. 실리콘 주걱으로 비누액을 떨어뜨렸을 때 자국이 만들어지는 형태로 트레이스 단계를 확인할 수 있습니다. 트레이스를 잘 내려면 실리콘 주걱과 핸드블렌더로 번갈아 가며 저어주는 과정을 반복합니다.

보온

CP 비누는 비누화가 안정적으로 진행되려면 27~30도 정도로 온도를 유지해주어야 합니다. 주변 환경이 이 온도보다 낮다면 몰드에 비누액을 부은 뒤 담요를 덮고 박스 안에 넣어 열을 지켜주어야 합니다.

건조

비누화가 끝난 비누는 사용 전에 통풍이 잘되고 그늘진 곳에 두어 수분을 날려줍니다. 레시피에 따라 차이가 있지만 보통 비누 제작에 사용한 수분이 없어지는데 약 4주 정도의 시간이 필요합니다. 포화지방산을 많이 함유한 비누의 경우는 하루에서 일주일 정도 건조 기간을 가지기도 합니다.

피부와 모발의 밸런스를 건강하게 지키는 방법, 약산성 비누

피부와 모발의 기능은 산성도와 밀접하게 관련이 있습니다. 이 밸런스를
잘 지키려면 세안제, 보습제 등 외부 자극에 대해 세심한 관리가
필요합니다. 이 책에서 소개하는 샴푸바, 바디워시바, 페이셜 클렌저 등은
약산성 비누로 제작해 피부와 모발의 pH를 건강하게 유지할 수 있습니다.

산성				중성								강알칼리성	
1	2	3	4	5	6	7	8	9	10	11	12	13	14
	레몬 pH2.0		커피 pH4.5	사람 피부와 모발 pH5.5		강아지 pH7.0 ~7.5	일반 샴푸 비누 pH8.5		펌제 pH10.0	염색제 pH11~12		락스 pH13	

pH란 무엇일까

pH(Percentage of Hydrogen)는 수소이온 농도를 보기 쉽게 수치화 한
것으로 1~14 범위 내에서 중성은 pH7, 산성은 pH1~6, 염기성(알칼리성)은
pH8~14로 분류됩니다. 피부와 두피의 pH는 인종별, 성별, 연령별, 계절별
등 다양한 요인에 영향을 받지만 일반적으로 건강한 피부의 pH는 5.5의
약산성입니다. 피부가 적절한 pH를 유지해야 속은 수분감이 있고 겉은
산성막으로 덮여 각종 세균과 유해 환경으로부터 피부를 보호할 수 있습니다.
pH가 낮을수록 피지분비가 원활한 지성피부, pH가 높을수록 세균이
침투해도 잘 막아내지 못하는 아토피, 민감성, 여드름 피부, 건성피부로
구분됩니다.

약산성 세정제를 사용하는 이유

피부는 외부의 자극에 의해 일시적으로 pH 밸런스가 무너지더라도 신체의
항상성 유지로 인해 자연스레 회복됩니다. 하지만 지나치게 산성화되거나
알칼리화된 피부라면 본래의 피부로 돌아오는 데 시간이 걸리고 세균이나
박테리아가 침투해도 잘 막아내지 못해 취약한 상태가 됩니다. 대부분의
폼클렌징이나 샴푸 등은 유분기를 제거하기 위해 pH가 높은 알칼리 성분으로
만들어져 있습니다. 과도한 세정은 피부를 지키기 위해 필요한 산성막을
파괴하고 밸런스를 깨트립니다. 특히 모발과 피부를 구성하는 케라틴이라는
단백질은 알칼리 환경에 취약해 오랫동안 알칼리 상태에 노출되면 수분을
잃어 작은 자극에도 손상되기 쉽습니다. 약산성 세정제는 pH 밸런스를
지켜주며 건강한 피부와 두피로 가꿔줍니다.

리배칭 비누
Re-Batching Soap

리배칭 비누는 저온법으로 만들어진 비누의 자투리 등을 다시 녹여 만든 비누예요. 사용하다 작아지거나 부숴진 비누 조각까지 알뜰하게 활용할 수 있기 때문에 제로 웨이스트를 실천하기에 더없이 좋은 비누랍니다. 가성소다를 사용하지 않아 위험 요소가 없고 자투리 비누만 있으면 만들 수 있어 초보자들도 쉽게 도전해볼 수 있어요. 굳히기 전에 향을 첨가해 내 취향에 맞는 비누를 만들 수도 있답니다. 천연 비누를 원료로 했기 때문에 pH가 안정적이고 불필요한 폐기물의 배출을 막아 환경에도 이롭지요. 재가열하는 과정에서 비누가 순해지고 부드러운 거품을 만들어 사용감의 만족도도 높답니다.

Re-Batching Soap 리배칭 비누

◦ 500mL ◦ 추천 사용기한: 1년

Ingredients

재료	용량	대체 재료
자투리 비누	450g	
에센셜 오일	2~3g	생략 가능
정제수	20~30g	

Recipe note

○ 원하는 향이나 효능의 에센셜 오일을 첨가할 수 있습니다. → p.40 참고

Equipment

0.1 저울, 강판 또는 커터, 핫플레이트, 비커, 주걱, 500mL 비누 몰드 또는 우유팩

Process

1 자투리 비누를 준비해 강판에 갈기나 갈게 자른다.

2 비커의 2/3를 비누로 채우고 정제수를 비누의 바닥에 깔릴 정도만 붓는다.
   Tip 비누의 수분 함량에 따라 첨가하는 정제수의 양은 달라질 수 있어요.

3 비커를 핫플레이트 위에 올린 후 50~60도의 저온으로 서서히 녹인다.

4 밑바닥이 투명하게 바뀌기 시작하면 바닥이 타지 않게 3분 간격으로 골고루 저어준다.

5 전체가 투명하게 바뀌면 핫플레이트에서 내려 향을 첨가하고 골고루 저어준다.

6 비누 몰드에 담거나 원하는 형태로 반죽한다.

7 적당한 크기로 자른 뒤 약 2주간 그늘지고 통풍이 잘되는 곳에서 건조한다. 종이로 포장해 건조하고 서늘한 곳에서 보관한다.

1

2

4

5

6

7

샴푸바
Shampoo Bar

두피는 생각보다 더욱 예민한 부위예요. 피부보다 모공의 크기도 크고 수도 많기 때문에 화학성분이 흡수되기 쉬운 구조랍니다. 시중의 삼푸에는 실리콘, 인공향료, 인공색소, 파라벤, 설페이트계 계면활성제 등의 화학성분이 들어있어 두피에 자극을 줄 수 있어요. 두피의 유수분 밸런스가 깨져서 트러블이 생기거나 가렵고 모발이 얇아져 있다면 pH를 적절하게 회복해주는 저자극 약산성 샴푸가 도움이 됩니다.

핸드메이드 비누는 내 두피에 맞게 재료를 선택할 수 있다는 장점이 있습니다. 하루만 안 감아도 머리가 가렵거나 기름지는 지성 두피라면 피지 흡착 및 노폐물 제거 효과가 탁월한 그린클레이를 넣어 모공 속을 딥클렌징 할 수 있어요. 네틀추출물은 린스에 사용하면 모발 성장을 촉진시키고, 샴푸에 넣으면 두피의 각질을 제거해주는 효과가 있다고 알려져 있어요. 또한 비오틴, 로즈메리 워터 등을 첨가하면 탈모 방지에 도움을 줄 수 있어요.

Shampoo Bar for dry scalp
건성 두피용 샴푸바

○ 분량: 106g ○ 추천 사용기한: 1년

Ingredients

구분	재료	용량	대체 재료
분말	소듐코코일이세티오네이트(SCI)	50g	
	옥수수전분	10g	
	오트밀 분말	7g	쑥 분말
액상	아르간 오일	8g	시어버터, 동백유
	포타슘코코일글리시네이트(PCG)	8g	
	라우릴글루코사이드	5g	
	글리세린	10g	
	디판테놀	2g	생략 가능
	실크아미노산	2g	생략 가능
	병풀추출물	2g	
	1.2 헥산디올	1g	나프리
	에센셜 오일	1g	생략 가능

Recipe note

○ 보습력이 뛰어난 오트밀과 진정 작용에 좋은 병풀추출물이 두피를 건강하게 만들어줍니다.

○ 소듐코코일이세티오네이트(Sodium Cocoyl Isethionate)는 코코넛 오일에서 추출한 지방산과 이세티온산이 혼합된 약산성 음이온 계면활성제로 자극이 적고 세정력이 우수합니다. 노폐물을 흡수하는 효과가 뛰어나 약산성 비누에 자주 사용됩니다.

○ 포타슘코코일글리시네이트(Potassium Cocoyl Glycinate)는 코코넛에서 유래한 식물성 계면활성제로 98%에 달하는 생분해성을 가지고 있습니다. 세정력이 가장 뛰어난 '음이온' 계면활성제입니다. 거품 생성력과 유지력이 우수하며 자극이 적고 사용감이 개운한 샴푸를 만들 수 있습니다.

○ 라우릴글루코사이드(Lauryl Glucoside)는 코코넛 오일이나 옥수수, 감자전분에서 추출한 비이온성 계면활성제로 유기농 샴푸에 많이 사용돼요. 자극이 적고 조밀한 거품을 만듭니다.

○ 보습에 좋은 에센셜 오일: 샌달우드, 라벤더, 제라늄, 팔마로사, 패출리

Equipment		0.1 저울, 볼, 비커, 주걱, 소독용 에탄올
Process	**1**	넓은 볼에 분말 재료를 모두 담고 잘 섞는다.
		Tip 모든 도구와 용기는 미리 소독용 에탄올로 소독한 후 말려두세요.
	2	비커에 액상 재료를 모두 담고 잘 섞는다.
	3	1의 볼에 2의 액상 재료를 붓는다.
	4	가루가 보이지 않고 덩어리가 될 때까지 주걱으로 눌러가며 반죽한다.
	5	반죽이 너무 무르다면 그릇의 한쪽에 동그랗게 모아 놓고 약 3~5분간 휴지한다.
	6	반죽이 손에 묻어나지 않을 정도로 마르면 원하는 형태로 모양을 만든 뒤 그늘진 곳에서 1~2시간 말린다.
How To Use	○	미지근한 물로 두피와 모발을 충분히 적신 후 두피를 중심으로 두세 번 문질러 사용하거나 비누망에 넣어 거품을 내서 사용하세요.
	○	경화제 같은 합성 물질이 첨가되지 않았기 때문에 물러지기 쉬워 물이 잘 빠지는 비누 받침을 사용하는 것이 좋습니다. 거품망을 함께 사용하면 잘 무르지 않습니다.
	○	반죽으로 만드는 제형의 특성상 수분이 날아가면서 갈라짐 현상이 생길 수 있지만 사용에는 문제가 없습니다.

Shampoo Bar for oily scalp

지성 두피용 샴푸바

◦ 분량: 104g ◦ 추천 사용기한: 1년

Ingredients

구분	재료	용량	대체 재료
분말	소듐코코일이세티오네이트(SCI)	55g	
	옥수수전분	10g	
	그린클레이	5g	클레이
액상	호호바 오일	5g	
	포타슘코코일글리시네이트(PCG)	10g	
	라우릴글루코사이드	5g	
	로즈메리 워터	5g	티트리 워터, 페퍼민트 워터
	글리세린	5g	
	디판테놀	1g	생략 가능
	실크아미노산	1g	생략 가능
	1.2 헥산디올	1g	나프리
	에센셜 오일	1g	생략 가능

Recipe note

○ 그린클레이 분말을 넣어 피지 흡착 및 노폐물 제거 효과가 탁월해 모공 속을 딥클렌징할 수 있어요.

○ 지성 두피에 추천하는 에센셜 오일: 티트리, 라벤더, 오렌지, 레몬, 라임, 베르가못, 파인, 레몬그라스, 제라늄, 팔마로사, 클라리세이지, 페티그레인, 유칼립투스

Shampoo Bar for troubled scalp

트러블 두피용 샴푸바

Ingredients

◦ 분량: 100g ◦ 추천 사용기한: 1년

구분	재료	용량	대체 재료
분말	소듐코코일이세티오네이트(SCI)	50g	
	옥수수전분	15g	
	어성초 분말	5g	클레이, 카렌듈라 · 녹두 분말
액상	호호바 오일	5g	카렌듈라 인퓨즈드 호호바 오일
	포타슘코코일글리시네이트(PCG)	8g	
	라우릴글루코사이드	3g	
	티트리 워터	5g	캐모마일 워터
	글리세린	5g	
	네틀추출물	2g	프로폴리스추출물
	1.2 헥산디올	1g	나프리
	에센셜 오일	1g	생략 가능

Recipe note

○ 가려움을 가라앉히고 항염 작용을 하는 카렌듈라와 네틀, 항균 작용을 하는 티트리 워터를 첨가해보세요. 가렵거나 트러블이 잦은 두피에 도움이 됩니다.

○ 트러블성 두피에 추천하는 에센셜 오일: 티트리, 일랑일랑, 캐모마일, 라벤더, 제라늄, 팔마로사, 패출리

○ 네틀추출물은 쐐기풀에서 추출한 성분이에요. 건조한 환경으로 인한 알레르기, 가려움증, 염증, 피부 수분 손실 등을 개선해줍니다. 모발과 두피를 튼튼하게 하여 탈모 예방, 비듬 완화에 효과적이에요.

○ 프로폴리스추출물은 탈모의 원인인 두피 염증 항균에 도움을 주고 가려움과 비듬 완화에 효과적이에요.

Shampoo Bar for sensitive scalp

민감성 두피용 샴푸바

Ingredients

◦ 분량: 100g ◦ 추천 사용기한: 1년

구분	재료	용량	대체 재료
분말	소듐코코일이세티오네이트(SCI)	50g	
	옥수수전분	5g	생략 가능
	알란토인	10g	
	카렌듈라 분말	3g	오트밀 분말
액상	호호바 오일	10g	
	포타슘코코일글리시네이트(PCG)	5g	
	라우릴글루코사이드	3g	
	라벤더 워터	5g	캐모마일 워터
	글리세린	5g	
	디판테놀	1g	생략 가능
	실크아미노산	1g	
	1.2 헥산디올	1g	나프리
	에센셜 오일	1g	생략 가능

Recipe note

○ 두피가 민감해 계절만 바뀌어도 가렵거나 붉어진다면 라벤더 워터와 카렌듈라 분말이 피부 진정에 도움을 줍니다.

○ 민감성 두피에 추천하는 에센셜 오일: 티트리, 캐모마일, 라벤더, 제라늄, 팔마로사, 패출리

Shampoo Bar for anti-hairloss

탈모 방지 샴푸바

∘ 분량: 104g ∘ 추천 사용기한 : 1년

Ingredients

구분	재료	용량	대체 재료
분말	소듐코코일이세티오네이트(SCI)	48g	
	옥수수전분	5g	생략 가능
	알란토인	10g	
	맥주효모 분말	4g	로즈메리 분말
액상	아르간 오일	8g	
	포타슘코코일글리시네이트(PCG)	10g	
	라우릴글루코사이드	5g	
	로즈메리 워터	5g	페퍼민트 워터
	글리세린	5g	
	디판테놀	1g	생략 가능
	실크아미노산	1g	
	1.2 헥산디올	1g	나프리
	에센셜 오일	1g	생략 가능

Recipe note

○ 로즈메리 워터: 두피의 혈액순환을 도와 가늘어진 모발을 두껍게 하고 두피를 청결하게 해줍니다.

○ 맥주효모 분말: 보리(맥아)를 분쇄해 물과 섞어 발효시켜서 발생한 효모를 건조한 분말. 단백질, 미네랄, 케라틴 합성을 돕는 비오틴이 풍부해 모발에 영양을 보충해주며 탈모 방지에 효과적입니다.

○ 탈모에 추천하는 에센셜 오일: 로즈메리, 페퍼민트, 진저, 시더우드 아틀라스, 패출리

트리트먼트바
Treatment Bar

약산성의 샴푸바는 린스나 컨디셔너를 사용하지
않아도 pH밸런스를 적절하게 유지해 두피와
모발을 건강하게 케어할 수 있어요. 정전기가
걱정되거나 모발에 영양을 더하고 싶다면
트리트먼트바를 함께 사용해보세요. 시중의
린스나 트리트먼트에는 파라벤과 실리콘 오일
성분이 들어있는 경우가 있는데 이 성분들은 쉽게
분해되지 않아 환경을 오염시킬 뿐 아니라 인체에
축적되어 건강상 문제를 일으킬 수 있어요.
시어버터와 동백 오일이 머릿결을 부드럽게 하며,
유채발효유화제(브라시카알코올)가 수분감을
더해주는 트리트먼트바를 만나보세요. 거품이
많이 나지 않아 세정력보다 영양을 더해주는
기능이 강해요. 모발뿐만 아니라 몸에도 사용해
피부를 촉촉하게 가꿀 수 있어요. 머리와 몸에
골고루 바르고 물로 가볍게 씻어내줍니다.

Treatment Bar 트리트먼트바

Ingredients

∘ 분량: 104g ∘ 추천 사용기한: 1년

구분	재료	용량	대체 재료
유성 액체	동백 오일	10g	아르간 오일, 피마자 오일
	비타민 E	1g	
유성 고체	브라시카알코올	20g	
	시어버터	25g	망고버터
	카카오버터	10g	
	밀납	20g	칸데릴라왁스
액상	솔베스-30테트라올리에이트	10g	올리브리퀴드
	라우릴글루코사이드	2g	
	글리세린	3g	
	디판테놀	2g	
	에센셜 오일	1g	

Recipe note

○ 브라시카알코올: 유채꽃의 지방산을 사탕수수와 발효시켜 쌀 발효 산물인 이소류신과 결합해 만든 식물유래 계면활성제. 양이온 계면활성제로 샴푸 후에 남아 있는 음이온 계면활성제를 중화하여 정전기를 방지하고 모발을 건강하게 가꿔줍니다. 글리세린을 추가하면 유화 안정성에 도움이 됩니다.

○ 모발에 좋은 에센셜 오일: 로즈메리, 페퍼민트, 그레이프프루트, 일랑일랑, 라벤더, 제라늄, 클라리세이지, 시더우드 아틀라스, 오렌지, 레몬, 라임, 베르가못

Equipment	0.1 저울, 핫플레이트, 비커, 막대, 몰드, 소독용 에탄올

Process

1 비커에 유성 액체 재료와 유성 고체 재료를 모두 계량해 담는다.
Tip 모든 도구와 용기는 미리 소독용 에탄올로 소독한 후 말려두세요.

2 유성 재료를 핫플레이트에 올려 70도 정도의 저온에서 녹인다.

3 다른 비커에 액상 재료를 모두 담아 섞는다.

4 2의 녹인 유성 재료를 3의 액상 재료에 넣고 잘 섞는다.

5 몰드에 붓고 단단하게 굳힌다.
Tip 굳으면 바로 사용이 가능해요.

How To Use

○ 샴푸 후 모발 끝에 문질러 부드럽게 마사지하고 영양이 충분히 스며들도록 3분 정도 기다렸다 물로 씻어내세요.

○ 샤워 후 몸에 골고루 문질러 마사지하고 물로 씻어내세요. 따로 바디 로션을 바르지 않아도 촉촉함이 유지됩니다.

2

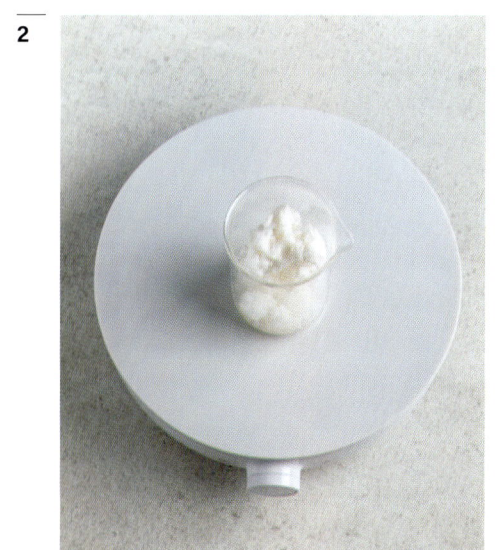

3

4

5

Bodywash Bar 바디워시바

합성 계면활성제를 과도하게 사용하면 필요한
피지막까지 제거하여 오히려 피부가 건조해질
수 있어요. 약산성 바디워시바는 피부의
pH 밸런스를 회복해 피부 장벽을 탄탄하게
지켜주며 식물성 오일과 천연 재료에서 추출한
분말로 다양한 효과를 기대할 수 있습니다.
멘톨이 시원한 청량감을 주어 여름에 사용하면
더 좋은 바디 쿨링 바디워시바부터 시어버터를
넣은 보습력이 좋은 모이스처바, 쌀겨와
셀룰로오즈를 넣어 불필요한 각질을 제거하고
피부를 매끄럽게 가꿔주는 딥클렌징 바까지
다양한 레시피를 만나보세요.

Cooling Bodywash Bar

쿨링 바디워시바

Ingredients

◦ 분량: 103.5g ◦ 추천 사용기한: 1년

구분	재료	용량	대체 재료
분말	소듐코코일이세티오네이트(SCI)	48g	
	옥수수전분	13g	
	칼라민 분말	2g	클레이, 녹두 분말
고체	크리스탈멘톨	0.5g	
액상	정제수	10g	
	살구씨 오일	8g	녹차씨 · 해바라기씨 · 포도씨 · 호호바 오일
	포타슘코코일글리시네이트(PCG)	8g	
	라우릴글루코사이드	5g	
	글리세린	5g	
	디판테놀	2g	생략 가능
	1.2 헥산디올	1g	나프리
	에센셜 오일	1g	생략 가능

Recipe note

○ 멘톨은 박하에 들어있는 정유를 가공해서 만든 것으로 적당히 사용하면 열감을 내려주고 가려움증을 완화하며 세정감도 좋아집니다. 과하게 사용하면 오히려 열을 내고 가려움증이 생길 수 있으니 사용 한도를 꼭 지켜주세요(씻어내는 헤어 &바디 제품에 0.1~0.5% 사용).

○ 칼라민 분말은 가려움증이나 땀띠를 완화하는 데 도움을 줄 수 있어요.

○ 세정·탈취 효과가 있는 에센셜 오일: 로즈메리, 페퍼민트, 레몬, 사이프러스, 메이창, 스피어민트, 라임, 레몬그라스, 라벤더, 티트리, 유칼립투스

Equipment   0.1 저울, 핫플레이트, 볼, 비커, 주걱, 소독용 에탄올

Process

1   넓은 볼에 분말 재료를 모두 담고 잘 섞는다.
Tip 모든 도구와 용기는 미리 소독용 에탄올로 소독한 후 말려두세요.

2   비커에 분량의 정제수와 크리스탈멘톨을 담아 핫플레이트에서
녹인다.

3   다른 비커에 나머지 액상 재료를 모두 담고 잘 섞는다.

4   3의 액상 재료에 2의 녹인 크리스탈멘톨을 붓고 잘 섞는다.

5   1의 볼에 4를 붓는다.

6   가루가 보이지 않고 덩어리가 될 때까지 주걱으로 눌러가며
반죽한다.

7   반죽이 너무 무르다면 그릇의 한쪽에 동그랗게 모아 놓고 약
3~5분간 휴지한다.

8   반죽이 손에 묻어나지 않을 정도로 마르면 원하는 형태로 모양을
만든 뒤 그늘진 곳에 1~2시간 말린다.

How To Use

○   물 묻은 손으로 문질러 거품을 내거나 샤워볼에 문질러 거품을
내서 사용합니다.

○   반죽으로 만드는 제형의 특성상 수분이 날아가면서 갈라짐 현상이
생길 수 있지만 사용에는 문제가 없습니다.

1

4

5

6

7

8

Moisture Bodywash Bar 모이스처 바디워시바

Ingredients

◦ 분량: 102g ◦ 추천 사용기한: 1년

구분	재료	용량	대체 재료
분말	소듐코코일이세티오네이트(SCI)	50g	
	옥수수전분	10g	
	알란토인	3g	오트밀 분말
유성 고체	시어버터	10g	식물성 오일
액상	포타슘코코일글리시네이트(PCG)	7g	
	라우릴글루코사이드	5g	
	글리세린	2g	
	디판테놀	5g	생략 가능
	히알루론산	5g	
	1.2 헥산디올	1g	나프리
	에센셜 오일	1g	생략 가능

Recipe note

○ 시어버터 같은 고체 재료를 사용할 경우 재료를 녹인 후 바로 첨가하지 않고 분말과 액상을 먼저 섞은 다음 녹인 고체 재료를 첨가하세요.

○ 보습에 좋은 에센셜 오일: 라벤더, 팔마로사, 일랑일랑, 제라늄, 샌달우드, 캐모마일

Deep Cleansing Body wash Bar 딥클렌징 바디워시바

Ingredients

◦ 분량: 106g ◦ 추천 사용기한: 1년

구분	재료	용량	대체 재료
분말	소듐코코일이세티오네이트(SCI)	50g	
	옥수수전분	15g	생략 가능
	쌀겨	3g	
	셀룰로오즈	2g	
액상	올리브 오일	13g	식물성 오일
	포타슘코코일글리시네이트(PCG)	5g	
	라우릴글루코사이드	5g	
	글리세린	8g	
	디판테놀	3g	생략 가능
	1.2 헥산디올	1g	
	에센셜 오일	1g	생략 가능

Recipe note

○ 피부의 노폐물을 부드럽게 제거하는 쌀겨와 식물의 섬유질인 셀룰로오즈가 불필요한 각질을 제거해 건강하고 윤기 있는 피부로 가꾸어줍니다.

○ 바디워시바에 추천하는 에센셜 오일: 라벤더, 캐모마일, 제라늄, 팔마로사, 일랑일랑, 패츌리, 샌달우드, 오렌지, 라임, 레몬, 베르가못, 페티그레인, 시더우드

제로웨이스트 비누 — CHAPTER 2

페이스 클렌저

Face Cleanser Bar

피부는 약산성일 때 유수분 밸런스가 가장 안정적이에요.
알칼리성 클렌징 제품은 세정력이 강하지만, 예민한
피부에 자극을 줄 수 있답니다. 약산성 클렌저는 건강한
피부와 유사한 pH 밸런스를 유지해 피부 자극을
최소화하고 부드럽게 클렌징을 도와 촉촉한 피부를
만들어줍니다. 재료에 변화를 주어 건성, 지성, 여드름,
민감성까지 다양한 피부 타입에 맞는 약산성 비누를 만들
수 있습니다.
올리브 오일과 히알루론산을 첨가해 세안 후 당김 없이
보습을 유지하는 기본 클렌저, 비타민과 미네랄이 풍부한
단호박 분말을 넣어 세안 후 피부를 촉촉하고 맑게 하는
건성용 클렌저, 클레이가 블랙헤드와 모공의 노페물을
딥클렌징 해주는 지성용 클렌저, 어성초추출물이 피부
트러블을 진정시키는 효과가 있는 여드름 피부용 클렌저,
캐모마일 워터가 함유되어 자극은 줄이고 피부의 붉은
톤을 완화해주는 민감성 피부용 클렌저 등 다양한 효능의
세안용 비누를 소개합니다.

Face Creanser Bar
for dry skin

건성용
페이스 클렌저

Ingredients

◦ 분량: 114g ◦ 추천 사용기한: 1년

구분	재료	용량	대체 재료
분말	소듐코코일이세티오네이트(SCI)	55g	
	알란토인	10g	
	단호박 분말	7g	병풀·오트밀 분말
유성 고체	시어버터	10g	
액상	올리브 오일	5g	
	소듐코코일글루타메이트(SCG)	5g	
	라우릴글루코사이드	5g	
	로즈 워터	5g	
	글리세린	5g	
	디판테놀	2g	생략 가능
	히알루론산	3g	
	1.2 헥산디올	1g	나프리
	에센셜 오일	1g	생략 가능

Recipe note

○ 피부에 영양을 주는 시어버터와 올리브 오일이 함유되어 피부를 부드럽고 촉촉하게 가꿔줍니다. 비타민과 미네랄이 풍부한 단호박 분말이 피부를 보호하고 안색을 맑게 합니다.

○ 건성용 추천 에센셜 오일: 샌달우드, 라벤더, 제라늄, 팔마로사, 패출리

○ 소듐코코일글루타메이트(Sodium Cocoyl Glutamate)는 코코넛에서 유래한 식물성 계면활성제로 피부에 자극이 적고 순해 민감성 피부, 아기용 클렌저에 주로 사용됩니다.

Equipment	0.1 저울, 핫플레이트, 볼, 비커, 주걱, 소독용 에탄올

Process

1 넓은 볼에 분말 재료를 모두 담고 잘 섞는다.
   Tip 모든 도구와 용기는 미리 소독용 에탄올로 소독한 후 말려두세요.

2 비커에 액상 재료를 모두 담고 잘 섞는다.

3 1의 볼에 2의 액상 재료를 붓고 잘 섞는다.

4 시어버터는 핫플레이트에 녹여서 준비한다.

5 녹인 시어버터를 3의 볼에 붓는다.
   Tip 고체 재료는 분말과 액상을 먼저 섞은 후에 따로 녹여서 첨가해주세요.

6 가루가 보이지 않고 덩어리가 될 때까지 주걱으로 눌러가며
   반죽한다. 반죽이 너무 무르다면 그릇의 한쪽에 동그랗게 모아
   놓고 약 3~5분간 휴지한다.

7 반죽이 손에 묻어나지 않을 정도로 마르면 원하는 형태로 모양을
   만든 뒤 그늘진 곳에 1~2시간 말린다.

How To Use

○ 물 묻은 손으로 문질러 거품을 내거나 비누망에 넣어 거품을 내서
   사용합니다. 화장을 했다면 클렌징 오일로 메이크업을 지운 뒤
   이중세안을 추천합니다.

○ 반죽으로 만드는 제형의 특성상 수분이 날아가면서 갈라짐 현상이
   생길 수 있지만 사용에는 문제가 없습니다.

Face Creanser Bar
for normal skin

일반용
페이스 클렌저

Ingredients

∘ 분량: 111g ∘ 유효기간: 1년

구분	재료	용량	대체 재료
분말	소듐코코일이세티오네이트(SCI)	52g	
	알란토인	10g	
	오트밀 분말	7g	
액상	호호바 오일	7g	
	올리브 오일	8g	
	소듐코코일글루타메이트(SCG)	5g	
	라우릴글루코사이드	5g	
	로즈 워터	5g	
	글리세린	5g	
	디판테놀	2g	생략 가능
	히알루론산	3g	
	1.2 헥산디올	1g	나프리
	에센셜 오일	1g	생략 가능

Recipe note

○ 피부를 촉촉하고 윤기 있게 가꿔주는 올리브 오일과 수분을 가둬 보습을 유지하는 히알루론산을 첨가했어요. 세안 후 당김 없이 보습을 유지할 수 있는 세안제 레시피입니다.

○ 세안용 추천 에센셜 오일: 샌달우드, 라벤더, 제라늄, 팔마로사, 패츌리, 네롤리, 캐모마일, 로즈, 프랑킨센스, 일랑일랑, 페티그레인

146

Face
Creanser Bar
for oily skin
**지성용
페이스 클렌저**

Ingredients

◦ 분량: 112g ◦ 추천 사용기한: 1년

구분	재료	용량	대체 재료
분말	소듐코코일이세티오네이트(SCI)	52g	
	알란토인	10g	
	핑크클레이	7g	클레이 · 녹두 · 어성초 분말
	셀룰로오즈	3g	
액상	호호바 오일	10g	
	소듐코코일글루타메이트(SCG)	5g	
	라우릴글루코사이드	5g	
	위치헤이즐 워터	6g	
	글리세린	7g	
	병풀추출물	2g	
	1.2 헥산디올	1g	나프리
	에센셜 오일	1g	생략 가능

Recipe note

○ 핑크클레이는 블랙헤드와 모공의 노폐물을 딥클렌징 해줍니다. 위치헤이즐 워터는 수렴작용을 해 과도한 피지를 줄이고 피부를 진정시켜줍니다.

○ 지성용 추천 에센셜 오일: 티트리, 라벤더, 팔마로사, 사이프러스, 레몬, 그레이프프루츠, 오렌지, 만다린

Face Creanser Bar
for troubled skin

트러블 피부용
페이스 클렌저

Ingredients

◦ 분량: 106g ◦ 추천 사용기한: 1년

구분	재료	용량	대체 재료
분말	소듐코코일이세티오네이트(SCI)	50g	
	알란토인	10g	
	녹두 분말	5g	어성초 · 티트리 · 클레이 · 카렌듈라 분말
	셀룰로오즈	3g	
액상	호호바 오일	10g	
	소듐코코일글루타메이트(SCG)	5g	
	라우릴글루코사이드	5g	
	티트리워터	5g	캐모마일 워터
	글리세린	6g	
	디판테놀	2g	
	어성초추출물	3g	
	1.2 헥산디올	1g	나프리
	에센셜 오일	1g	생략 가능

Recipe note

○ 녹두는 피부의 열감을 내려줍니다.

○ 어성초추출물은 항균성이 뛰어나 피부 트러블 진정에 도움이 됩니다.

○ 여드름 및 트러블 피부 추천 에센셜 오일: 티트리, 캐모마일, 라벤더, 샌달우드, 팔마로사

Face Creanser Bar

for sensitive skin

민감성 피부용 페이스 클렌저

Ingredients

구분	재료	용량	대체 재료
분말	소듐코코일이세티오네이트(SCI)	53g	
	알란토인	8g	
	카렌듈라 분말	7g	
	셀룰로오즈 분말	3g	
액상	호호바 오일	13g	
	소듐코코일글루타메이트(SCG)	5g	
	라우릴글루코사이드	5g	
	캐모마일 워터	5g	로즈 워터
	글리세린	6g	
	디판테놀	2g	생략 가능
	히알루론산	2g	
	1.2 헥산디올	1g	나프리
	에센셜 오일	1g	생략 가능

Recipe note

○ 캐모마일 워터가 민감한 피부의 붉은 톤을 진정시키고 수렴작용을 도와줍니다.

○ 카렌듈라 분말은 가려움증을 완화하고 피부를 진정시켜줍니다.

○ 민감성 피부 추천 에센셜 오일: 캐모마일, 라벤더, 샌달우드, 로즈, 네롤리

All In One Bar

올인원바

욕실에 이것 저것 둘 필요 없이
비누 하나로 세정이 가능하답니다.
세안과 샤워는 물론 두피에 자극 없는
샴푸로도 사용할 수 있어 활용도 만점인
올인원 세정제입니다. 특히 아기들은
목욕 시에 체온이 떨어지지 않도록
올인원 타입으로 빠르게 씻어내는
것이 좋습니다. 아기용 올인원바는
방부제와 유해성분이 없어 안심하고
사용할 수 있을 뿐 아니라 카렌듈라
성분, 시어버터, 라벤더 워터 등이
민감한 아기 피부를 건강하고 촉촉하게
유지시켜 줍니다. 또한 피부와 가장
비슷한 pH를 가진 약산성 클렌저로
유수분 밸런스를 자연스럽게 맞춰주고
피부 장벽 강화에도 도움을 준답니다.

아기용 올인원바

◦ 분량: 118.5g ◦ 추천 사용기한: 1년

Ingredients

구분	재료	용량	대체 재료
분말	소듐코코일이세티오네이트(SCI)	55g	
	알란토인	10g	
	오트밀 분말	7g	
	카렌듈라 분말	3g	
유성 고체	시어버터	10g	
	호호바 오일	5g	
액상	소듐코코일글루타메이트(SCG)	5g	
	라우릴글루코사이드	3g	
	라벤더 워터 또는 캐모마일 워터	10g	
	글리세린	5g	
	카렌듈라추출물	3g	
	디판테놀	1g	생략 가능
	1.2 헥산디올	1g	나프리
	에센셜 오일	0.5g	생략 가능

Recipe note

○ 카렌듈라 성분은 피부 진정에 도움이 되고 보습 효과가 뛰어나 유아용 세정제에 적합해요. 라벤더 워터나 캐모마일 워터도 피부 진정에 도움이 되는 성분으로 민감한 아기들 피부에 자극을 줄일 수 있어요.

○ 아기용 추천 에센셜 오일: 라벤더, 팔마로사, 캐모마일, 오렌지, 만다린, 샌달우드

Equipment	0.1 저울, 핫플레이트, 볼, 비커, 주걱, 소독용 에탄올

Process

1 넓은 볼에 분말 재료를 모두 담고 잘 섞는다.
Tip 모든 도구와 용기는 미리 소독용 에탄올로 소독한 후 말려두세요.

2 비커에 액상 재료를 모두 담고 잘 섞는다.

3 1의 볼에 2의 액상 재료를 붓고 잘 섞는다.

4 시어버터는 핫플레이트에 녹여서 준비한다.

5 녹인 시어버터를 3의 볼에 붓는다.
Tip 고체 재료는 분말과 액상을 먼저 섞은 후에 따로 녹여서 첨가해주세요.

6 가루가 보이지 않고 덩어리가 될 때까지 주걱으로 눌러가며
반죽한다. 반죽이 너무 무르다면 그릇의 한쪽에 동그랗게 모아
놓고 약 3~5분간 휴지한다.

7 반죽이 손에 묻어나지 않을 정도로 마르면 원하는 형태로 모양을
만든 뒤 그늘진 곳에서 1~2시간 말린다.

How To Use

○ 물 묻은 손으로 문질러 거품을 내거나 비누망에 넣어 거품을 내서
사용합니다.

○ 반죽으로 만드는 제형의 특성상 수분이 날아가면서 갈라짐 현상이
생길 수 있지만 사용에는 문제가 없습니다.

All In One Bar 일반용 올인원바

Ingredients

◦ 분량: 121g ◦ 추천 사용기한: 1년

구분	재료	용량	대체 재료
분말	소듐코코일이세티오네이트(SCI)	55g	
	알란토인	10g	
	오트밀 분말	5g	
	병풀 분말	5g	
액상	스위트아몬드 오일	15g	호호바 오일
	소듐코코일글루타메이트(SCG)	10g	
	라우릴글루코사이드	5g	
	알로에베라 워터	7g	
	병풀추출물	5g	
	히알루론산	2g	
	1.2 헥산디올	1g	나프리
	에센셜 오일	1g	생략 가능

Recipe note

○ 자극 받은 피부를 진정시켜주는 오트밀과 병풀추출물이 함유되어 전신의 피부를 부드럽게 가꾸어줍니다.

○ 올인원바 추천 에센셜 오일: 샌달우드, 라벤더, 제라늄, 팔마로사, 패츌리, 페티그레인

Pet Shampoo Bar

펫 샴푸바

반려동물의 피모는 pH6.2~7.2 정도로 종에
따라 중성에서 약알카리성이랍니다. 약산성인
사람의 피부보다 세균과 박테리아가 쉽게
번식할 수 있는 환경이에요. 또한 표피층도 얇고
모공도 넓어 투과성이 좋기 때문에 합성성분의
독성이 더 잘 흡수된답니다. 피모에 질환이나
트러블이 있는 상태라면 pH 지수가 더 올라가기
때문에 이를 조절할 수 있는 약산성 제품을
추천하며, 지루성이거나 세정력을 요하는 상태의
피모라면 중성 또는 약알카리 제품을 추천해요.
반려동물의 피모 상태에 따라 번갈아 사용하는
것이 가장 좋습니다. 반려동물의 피모가 스스로
건강해질 수 있도록 도와줍니다.

제로웨이스트 비누 — CHAPTER 2

Pet Shampoo Bar for troubled skin

민감한 피모용 펫 샴푸바

Ingredients

◦ 분량: 102.3g ◦ 추천 사용기한: 1년

구분	재료	용량	대체 재료
분말	소듐코코일이세티오네이트(SCI)	50g	
	옥수수전분	3g	
	알란토인	8g	
	오트밀 분말	3g	카렌듈라 분말
유성 고체	시어버터	5g	
	호호바 오일	8g	
	포타슘코코일글리시네이트(PCG)	5g	
	라우릴글루코사이드	3g	
	라벤더 워터	5g	캐모마일 워터
액상	글리세린	8g	
	디판테놀	1g	
	실크아미노산	1g	
	병풀추출물	1g	
	1.2 헥산디올	1g	나프리
	에센셜 오일	0.3g	생략 가능

Recipe note

○ 반려동물용 추천 에센셜 오일

일반: 라벤더, 팔마로사, 캐모마일, 샌달우드, 만다린
탈취: 패츌리, 제라늄

Pet Shampoo Bar for deep cleansing 딥클렌징 펫 샴푸바

Ingredients

◦ 분량: 102.5g ◦ 추천 사용기한: 1년

구분	재료	용량	대체 재료
분말	소듐코코일이세티오네이트(SCI)	48g	
	옥수수전분	5g	
	알란토인	8g	
	탄산수소나트륨(베이킹소다)	2g	
	그린클레이	3g	핑크클레이
액상	호호바 오일	10g	
	포타슘코코일글리시네이트(PCG)	5g	
	라우릴글루코사이드	3g	
	라벤더 워터	5g	
	글리세린	10g	
	디판테놀	1g	
	실크아미노산	1g	
	1.2 헥산디올	1g	나프리
	에센셜 오일	0.5g	생략 가능

Recipe note

○ 산책 후 오염이 많은 경우나 특유의 비린내가 많이 날 때는 딥클렌징 펫 샴푸바를 추천해요. 노폐물과 독소를 흡착하는 그린클레이와 세정과 탈취에 도움이 되는 베이킹소다를 첨가했어요.

Equipment	0.1 저울, 볼, 비커, 주걱, 소독용 에탄올

Process

1 넓은 볼에 분말 재료를 모두 담고 잘 섞는다.
Tip 모든 도구와 용기는 미리 소독용 에탄올로 소독한 후 말려두세요.

2 비커에 액상 재료를 모두 담고 잘 섞는다.

3 1의 볼에 2의 액상 재료를 붓고 잘 섞는다.
Tip 시어버터 같은 고체 재료를 첨가할 경우에는 분말 재료와 액상 재료를
먼저 섞은 후에 따로 녹여서 넣어주세요.

4 가루가 보이지 않고 덩어리가 될 때까지 주걱으로 눌러가며
반죽한다.

5 반죽이 너무 무르다면 그릇의 한쪽에 동그랗게 모아 놓고 약
3~5분간 휴지한다.

6 반죽이 손에 묻어나지 않을 정도로 마르면 원하는 형태로 모양을
만든 뒤 그늘진 곳에서 1~2시간 말린다.

How To Use

○ 미지근한 물로 피모를 충분히 적신 후 샴푸바를 문질러
사용하거나 비누망에 넣어 거품을 내서 사용하세요.

○ 반죽으로 만드는 제형의 특성상 수분이 날아가면서 갈라짐 현상이
생길 수 있지만 사용에는 문제가 없습니다.

Safety note

☑ 에센셜 오일 사용 시 반려동물에게 사용 가능한 아래 표기된 오일만
사용해주세요.
반려동물용으로 사용 가능한 에센셜 오일: 라벤더, 로먼캐모마일,
저먼캐모마일, 만다린, 오렌지, 버가못, 프랑킨센스, 캐롯시드, 미르,
패출리, 클라리세이지, 네롤리, 마조람, 샌달우드, 제라늄, 애버래스팅

☑ 고양이는 에센셜 오일에 더 민감하게 반응할 수 있어 생략하는 것을
권장해요. 사용한다면 아래 에센셜 오일 중 소량만 첨가하세요.
고양이용으로 사용 가능한 에센셜 오일: 라벤더, 마조람, 패출리,
로먼캐모마일, 저먼캐모마일, 샌달우드

☑ 5개월 이하 자견이나 노견, 임신하거나 아픈 반려동물에게는 에센셜
오일의 사용을 삼가합니다.

6

저온법 비누

Cold Process Soap

전통적인 저온법 방식으로 비누를 만들 때 필요한 기본
재료는 아주 심플하답니다. 물과 지방(오일) 그리고
가성소다(수산화나트륨), 이 세 가지가 비누의 기본
성분이라고 할 수 있어요. 가성소다가 지방을 지방산
사슬로 분해해 단단하게 굳혀주는 비누화 과정을
거치면서 보습 효과가 있는 천연 글리세린이 남습니다.
낮은 온도에서 제작해 식물성 오일이 가지고 있는 유용한
성분들을 비누에 담을 수 있고, 에센셜 오일을 첨가해
은은한 향을 더할 수 있지요.
저온법 비누는 재료를 반죽해서 만드는 약산성 비누에
비해 만드는 방법이 다소 복잡하게 느껴질 수 있고,
가성소다를 다룰 때는 상당한 주의가 필요합니다. 하지만
화학 성분을 최대한 배제하고 천연 성분으로 본연의
기능에 충실한 비누를 만들 수 있고, 다양한 디자인의
비누를 제작할 수 있어 배워두면 비누 만드는 즐거움이
커집니다.

저온법 비누가 만들어지는 기본 원리

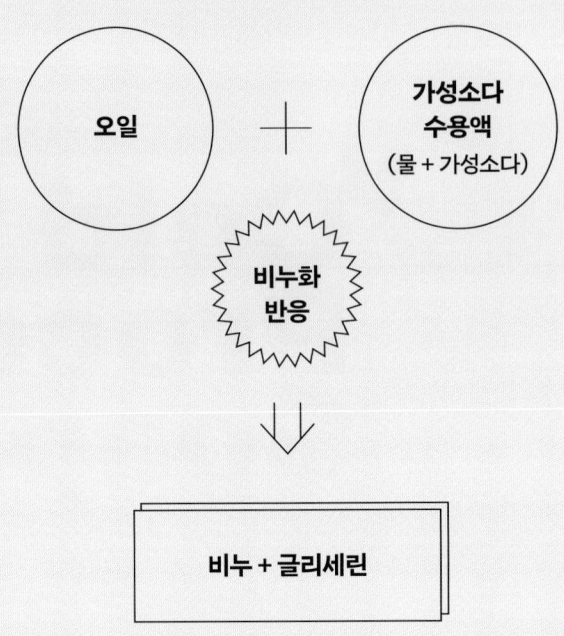

비누 레시피 구성		
총오일의 양	1kg 기준 700~750g의 오일이 필요하다.	
오일의 구성	원하는 효과에 따라 오일을 구성한다. 보통 코코넛 오일과 팜 오일의 양을 먼저 정하고 비누의 성격에 맞게 이 외의 베이스 오일을 추가한다.	
정제수의 양	오일의 양에서 30~40% 사용한다.	
첨가물의 양	분말마다 차이가 있지만 1kg 기준 3~5g(부피로는 1~10mL)이 적절하다.	
에센셜 오일	비누 전체 양의 1~3% 사용한다.	
가성소다의 양	오일양 × 비누화 값 = 가성소다의 양 *오일별 비누화 값 → p.222 참고	

**비누 제작을 위한
오일 구분 및 특징**

비누는 가성소다와 유지의 화학반응으로 생겨나는데, 사용하는 오일의
지방산 구성비에 따라 경도, 세정력, 보습감 등 비누의 성질이 달라진다.
예를 들면 포화지방산이 많은 코코넛 오일만 사용해 만든 비누는 아주
단단하고 큰 거품을 내지만 거품이 금방 사라지며 컨디셔닝 효과를 주는
불포화지방산의 함량이 낮기 때문에 보습력이 떨어진다. 화장 비누는
포화지방산 60~70%와 불포화지방산 30~40 %로 구성하는 것이
이상적이다. 반면에 주방 비누는 세정이 목적이기 때문에 포화지방산을
다량 사용해 만든다.

포화지방산을 많이 사용하면 비누화 속도가 빨라 3~4시간 정도면
비누가 완성된다. 더욱 단단하게 사용하길 원한다면 일주일 정도
건조를 추천한다. 불포화지방산이 다량 함유된 화장 비누는 4주 정도의
건조과정을 거친다.

	포화지방산 saturated oil	불포화지방산 unsaturated oil
특징	모두 단일 결합이며 전자적으로 안정된 구조로 인해 실온에서 고체 상태이다. 산화에 강하고 비누 제작 시 단단하고 큰 거품을 만든다. 빠른 시간에 비누가 완성되며 이때 비누의 온도가 빠르게 상승한다.	전자적으로 불안정한 이중결합 및 다중결합으로 실온에서 액체 상태를 유지하며 산화가 빠르다. 비누 제작 시 경도가 부드럽고 거품에 안정화를 준다. 컨디셔닝 효과가 있지만 너무 많이 넣으면 비누가 물러진다. 비누가 되는 시간이 포화지방산에 비해 상대적으로 느리며 온도가 많이 상승하지 않는다.
종류	코코넛 오일, 팜 오일, 시어버터, 망고버터, 코코아버터 등 상온에서 고체인 오일 및 버터	상온에서 액체인 모든 오일 올리브 오일, 스위트아몬드 오일, 포도씨 오일, 피마자 오일, 아보카도 오일, 동백 오일, 콩 오일, 해바라기씨 오일 등

**가성소다
취급시
주의사항**

1 장갑, 고글, 안전 가운, 마스크 등 보호 장비를 착용하고 작업에
임한다.

2 가성소다, 즉 수산화나트륨(Sodium hydroxide)은 대표적인
강염기의 성질로 다른 물질을 부식시키는 위험한 물질이다.
단백질도 가수분해하기 때문에 손으로 직접 만지는 것은
금물이다. 수산화나트륨은 고체 결정 상태이므로 화학반응을
용이하게 하기 위해 물에 녹여 수용액을 만든다. 물과 만나면 열을
발생시키며 연기가 나는데 독성이 있으므로 절대 흡입하거나 눈에
들어가지 않게 주의한다.

3 반드시 정제수에 가성소다를 넣는다. 가성소다에 바로 물을 붓게
되면, 급작스레 온도가 상승하여 끓어 넘치거나 가스가 많이
발생하므로 매우 위험하다.

4 가성소다를 녹일 때 즉, 비누를 만들 때는 깨끗하고 순수한 물을
사용한다. 증류수 혹은 정제수를 사용하는 것이 좋으며 부득이한
경우 생수나 정수를 사용한다. 수돗물의 경우 한 번 끓여서 식힌
다음 사용할 수 있지만 되도록 정제수를 사용한다.

5 가성소다를 다룰 때는 스테인레스, 플라스틱, 나무, 유리 소재는
사용이 가능하지만 알루미늄, 기타금속에서는 가성소다가
반응하므로 절대 사용해서는 안된다.

6 가성소다나 가성소다수가 피부에 닿았을 경우 바로 깨끗이
씻어내고 식물성 오일을 발라 피부를 진정시켜준다. 심할 경우
바로 병원으로 가야한다.

가성소다수 만들기

1

뚜껑이 있는 내열용기에 분량의 정제수를 계량해 담는다. 분량의 가성소다를 계량해 정제수에 붓는다.
Caution! 반드시 정제수에 가성소다를 부어야 해요.

2

용기의 뚜껑을 재빨리 닫고 바닥에 가라앉은 가성소다가 다 녹을 때까지 용기를 돌려가며 섞어준다.

3

가성소다가 완전히 녹으면 뚜껑이 닫힌 그대로 10분 정도 두거나 찬물에 넣어 식힌다.

4

반드시 뿌옇던 가성소다수가 투명하게 되면 뚜껑을 연다. 원하는 온도로 떨어뜨려 비누 만들기에 사용한다.

코코넛 카스틸 비누

Coconut Castile Soap

코코넛 오일 단일 재료를 이용해
전통적인 제작 방식인 저온법으로 만든
비누입니다. 포화지방산의 대표적
오일인 코코넛 오일만을 넣어 다른
비누와 비교해 세정력이 강한 편이고
단단하고 큰 거품을 만들어 딥클렌징에
도움이 됩니다. 뽀드득한 세정감으로
핸드 솝으로도 좋고 지성피부용 세안
비누로도 추천해요. 포화지방산인
코코넛 오일은 비누화가 빨라 틀에 부은
후 3-4시간이면 비누가 완성되고 건조
기간이 짧아 다음날부터 사용할 수
있어요.

 코코넛 카스틸 비누

◦ 분량: 1kg ◦ 추천 사용기한: 2년

Ingredients

구분	재료	사용량
유성	코코넛 오일	750g
가성소다	수산화나트륨	142g
물	정제수	247g(33%)
향	에센셜 오일	10g(생략 가능)

Recipe note

○ 코코넛 오일은 세정력을 높여주고 풍부한 거품을 만들며 비누를 단단하게 만들어줍니다.

○ 오일과 가성소다수의 비누화 반응을 일으키는 교반온도는 35~40도입니다.

○ 수산화나트륨을 정제수에 미리 녹여 가성소다수를 만듭니다. 일반적으로 정제수의 양은 오일 총량의 30~33% 정도로 사용합니다. 코코넛 오일로 만들면 단단한 비누가 되기 때문에 정제수의 비율을 오일의 33%로 넣어줍니다.

Equipment	0.1 저울, 핫플레이트, 비커, 온도계, 주걱, 핸드블렌더, 내열용기, 비누 몰드

Process

1 정제수에 수산화나트륨을 녹여 가성소다수를 만들어 놓는다.
   Tip p.169를 참고해 안전하게 작업합니다.

2 비커에 코코넛 오일을 담고 핫플레이트에 올려 60도 정도에 녹인다.

3 가성소다수와 오일이 35~40도가 될 때까지 식힌다.

4 가성소다수를 오일에 천천히 붓는다.

5 블렌더와 주걱을 번갈아 사용하며 트레이스가 날 때까지 섞는다.
   Tip 가성소다수를 사용할 때나 비누액을 저을 때 튀지 않도록 주의합니다.

6 묽은 연유 같은 트레이스가 나면 에센셜 오일을 넣는다.

7 몰드에 붓는다.
   Tip 큰 몰드에 부으면 온도가 지나치게 상승할 수 있어 100~150g 정도 되는 작은 몰드에 나눠 담는 것을 추천해요. 굳힌 후 자르려고 하면 단단해서 잘 잘리지 않을 수 있어요.

8 반나절 정도 지나 굳으면 몰드에서 탈형한다.
   Tip 비누의 온도를 유지하려고 박스에 넣지 않아도 자연스럽게 비누가 완성되니 상온에 그대로 두세요.

How To Use

○ 코코넛 카스틸 비누는 굳힌 뒤 하루 정도 지나면 바로 사용 가능합니다. 조금 더 단단함을 원할 경우 그늘지고 통풍이 잘되는 곳에서 일주일 정도 건조하세요.

○ 건조가 끝난 비누는 종이로 싸서 통풍이 잘되고 서늘한 곳에 보관해주세요. 날씨가 습할 때는 제습제 등을 사용해 주변 환경을 건조하게 유지해주는 것이 좋습니다.

Safety note

☑ 비누액이 묻은 도구는 신문지나
행주로 잘 닦아낸 뒤 따뜻한 물로
세척하고 잘 건조합니다.

Olive Marseille Soap

올리브 마르세유 비누

마르세유솝은 프랑스 마르세유(Marseille) 지방에서 산출되는 올리브 오일을 주원료로 한 전통 비누에서 유래했습니다. 1688년 태양왕 루이 14세는 100% 식물성 오일로만 만들어진 비누만을 마르세유솝으로 인정한다는 칙령을 내렸다고 해요. 현재는 일반적으로 올리브 오일을 주원료로 하는 비누를 마르세유솝이라고 부릅니다. 올리브 오일만 들어가면 무르기 쉬워 코코넛 오일과 시어버터를 함께 넣어주면 경도를 보강할 수 있어요. 부드러운 사용감과 보습감으로 베이비 비누로 인기가 좋답니다.

제로웨이스트 비누 CHAPTER 2

Olive Marseille Soap 올리브 마르세유 비누

Ingredients

◦ 분량: 1kg ◦ 추천 사용기한: 2년

구분	재료	사용량
유성	코코넛 오일	140g
	시어버터	70g
	올리브 오일	540g
가성소다	수산화나트륨	108g
물	정제수	210g(28%)
향	에센셜 오일	10g(생략 가능)

Recipe note

- 올리브 열매의 열매를 압착하여 나오는 올리브 오일은 대표적인 단일불포화 지방산으로 보습력이 탁월하고 산화에도 안정적인 편이에요.

- 상온에서 고체로 유지되는 시어버터를 넣으면 비누의 경도를 보완해주고 보습력이 오랫동안 지속되어 아토피성 피부염이나 건성피부에 좋아요.

- 코코넛 오일은 세정력을 높여주고 풍부한 거품을 만들며 비누를 단단하게 만들어줍니다.

- 코코넛 오일의 양이 적게 들어가 물러질 수 있으므로 정제수의 비율을 오일의 28%로 넣어줍니다.

- 오일과 가성소다수의 비누화 반응을 일으키는 교반온도는 45~50도입니다.

Equipment	0.1 저울, 핫플레이트, 비커, 온도계, 주걱, 핸드블렌더, 내열용기, 비누 몰드

Process

1 정제수에 가성소다를 녹여 가성소다수를 만들어 놓는다.
Tip p.169를 참고해 안전하게 작업합니다.

2 비커에 코코넛 오일과 시어버터를 담고 핫플레이트에 올려 70도 정도에 녹인다.

3 2에 올리브 오일을 넣고 섞는다.

4 가성소다수와 오일이 45~50도가 될 때까지 식힌 뒤 가성소다수를 오일에 천천히 붓는다.

5 블렌더와 주걱을 번갈아 사용하며 트레이스가 날 때까지 섞는다.
Tip 가성소다수를 사용할 때나 비누액을 저을 때 튀지 않도록 주의합니다.

6 마요네즈 같은 트레이스가 나면 에센셜 오일을 넣는다.
Tip 향은 생략 가능해요.

7 몰드에 천천히 붓는다.

8 몰드에 담요를 덮고 박스에 넣어 온도를 유지할 수 있도록 보관한다.
Tip 불포화지방산인 올리브 오일이 70% 이상 들어가 비누화가 느리고 온도가 많이 상승하지 않아 보온을 해줍니다.

9 24시간 후 몰드에서 꺼내 비누를 자르고 한 달 정도 건조한다.

How To Use

○ 건조가 끝난 비누는 종이로 싸서 통풍이 잘되고 서늘한 곳에 보관해주세요. 날씨가 습할 때는 제습제 등을 사용해 주변 환경을 건조하게 유지해주는 것이 좋습니다.

LAUNDRY DETERGENT

LAUNDRY POWDER

FABRIC SOFTNER

DISH SOAP

SOLID TOOTHPASTE

CINNAMON TINCTURE

AIR FRESHENER

ANTIBACTERIAL SPRAYS

FACIAL STEAM

SIMPLE LIVING

NATURAL CLEANING

ECO FRIENDLY HOME

TOXIC FREE

DO IT YOURSELF

Zero waste Living

3

Zero Waste Living Idea

제로 웨이스트 살림법

세탁세제와 설거지 비누, 치약, 항균 스프레이 등을 직접 만들어 사용하면 집에서 나오는 플라스틱의 양을 줄일 수 있고, 유해 성분으로부터 건강을 지킬 수 있습니다. 또한 흔히 쓰는 식재료나 버려지는 과일 껍질 등을 활용하면 친환경 살림이 가능하답니다.

식초

설거지 후 컵에 물 얼룩은 산성 물질에 쉽게 분해되므로 마지막 헹굼 물에 식초를 몇 방울 떨어뜨려 헹구어 내주면 됩니다.

소금

잘 지워지지 않는 컵 얼룩을 지울 때는 컵에 물을 약간 붓고 굵은소금을 뿌린 뒤에 솔이나 수세미로 문질러주면 연마 작용으로 얼룩이 쉽게 지워집니다.

감자 껍질

감자 껍질에는 녹말 성분이 있어 물때를 제거하는 데 효과적입니다. 컵이나 주전자, 싱크대, 수도꼭지 등을 감자 껍질로 문질러주면 깨끗해지는 것을 볼 수 있습니다.

커피 가루

커피 가루는 천연 연마제 역할을 합니다. 얼룩이 있는 부분을 커피 가루로 문질러주면 얼룩이 지워집니다. 커피를 내리고 남은 커피 가루를 잘 말려서 활용해보세요.

사과 껍질

탄 냄비는 사과 껍질과 물을 넣고 5분에서 10분 정도 끓인 뒤 수세미로 문질러주면 그을림을 더 쉽게 제거할 수 있습니다. 사과 껍질 속 유기산이 탄 자국을 분리시키는 효과가 있기 때문입니다.

레몬 껍질, 오렌지 껍질

상큼한 향의 시트러스 껍질을 그대로 두기만 해도 탈취 및 방향 효과가 있습니다. 바로 버리지 않고 신발장이나 주방에 두면 천연 방향제가 됩니다. 빨리 효과를 내려면 껍질을 1분 정도만 물에 끓이면 집 안의 잡냄새를 없앨 수 있습니다. 레몬 껍질 속에 있는 구연산 성분은 살균, 세정 효과가 있습니다. 가스레인지나 그릇을 레몬 껍질로 문질러주면 기름기를 잡아줄 수 있습니다.

귤껍질

귤껍질 속 흰 부분은 모세혈관을 튼튼하게 하는 비타민 P가 풍부합니다. 귤껍질을 깨끗이 씻어 말린 후 차로 우려내도 좋고 입욕제로 사용해도 좋아요. 귤껍질 속 리모넨 성분이 피부를 부드럽고 매끄럽게 해줍니다. 생선 요리를 한 팬에 귤껍질과 물을 적당히 넣고 끓이면 비린내를 없앨 수 있습니다.

바나나 껍질

천연가죽으로 된 신발이나 가방 등을 바나나 껍질로 문지른 후 깨끗한 천으로 닦아내면 광택이 살아납니다.

파인애플 껍질

파인애플 껍질의 안쪽으로 얼굴을 부드럽게 문지른 뒤 10~15분 후에 세안합니다. 파인애플에 AHA 성분이 각질을 제거하고 피부톤을 맑게 해줍니다.

가루 세탁세제
Laundry Powder

우리가 일반적으로 사용하는 세탁세제에는 석유계 화합물인
설페이트계 합성 계면활성제가 첨가된 경우가 많아요.
거품을 풍성하게 내고 저렴하다는 장점으로 오랫동안
시장을 차지하고 있습니다. 하지만 이 성분은 미생물에
의한 분해가 어렵고 하천에 흘러 들어가 물속을 통과하는
빛과 산소 공급을 차단해 수질오염의 원인이 됩니다. 또한
세탁물에 독성이 남아 피부 자극을 유발하고 피부장벽에
영향을 줄 수 있습니다.
산소계 표백제인 과탄산소다, 세정·탈취 효과가 있는
베이킹소다, 섬유유연 효과가 있는 구연산나트륨 등 친환경
살림에 도움을 주는 재료들로 세탁세제를 만들어보세요.
심플한 레시피로 세정력이 뛰어날 뿐만 아니라 안심하고
사용할 수 있어요. EM 원액을 첨가하면 냄새를 잡아주고
수질개선에도 도움이 된답니다.

탄산수소나트륨
Sodium Bicarbonate

pH8

세정, 탈취 효과가 있으며 베이킹소다, 중탄산나트륨, 중탄산소다, 중조 등으로도 부른다. 상온에서는 백색의 분말 상태로, 약간 쓰고 짠맛이 난다. 연마 및 흡착 작용을 해 냄새 제거 및 세척용으로 활용할 수 있다. 구연산이나 식초와 혼합해 사용하는 방법이 있다고 알려져 있으나 이 경우에는 알칼리성이 약해져 세정 효과를 기대할 수 없다.

과탄산소다
Sodium Percarbonate

pH10

알칼리성의 산소계 표백제이다. 과탄산소다는 탄산소듐과 과산화수소를 반응시킨 다음 결정화시켜서 생산된다. 물과 만나면 분해가 되면서 살균 + 소독 + 표백 효과를 가진 산소가 발생한다. 이 산화작용으로 얼룩을 제거하거나 표백 효과를 볼 수 있다. 찬물에는 잘 녹지 않으므로 온수에 넣어 사용한다. 중성세제 전용 옷에는 사용을 피한다.

무수구연산
Citric Acid

pH3

구연산은 감귤류나 채소에 포함되어 있는 유기산으로 식품의 신맛을 내기 위해 사용되며 방부 작용으로 천연 보존제 역할을 한다. 무수구연산은 함수구연산보다 순도가 높고 수분이 없어 뭉침이 적다. 화장품에도 산도 조절제 및 방부제로 이용되며, 알카리성 성분을 중성으로 만들어주는 중화제로 이용되기도 한다.

구연산나트륨
Sodium Citrate

pH6

구연산의 소듐 염 성분으로 구연산소다라고도 한다. 무취에 산뜻한 짠맛이 있는 백색의 분말 형태로 신맛을 내는 과일이나 주스에서 발견할 수 있다. 산성인 구연산보다 세정력이 우수하고 피부 자극이 적으며 오래 보관하기 좋다. 천연 섬유 유연 효과로 옷감을 상하지 않게 하며 베이킹소다, 과탄산소다, 구연산과 함께 써도 거품이 생기는 화학반응이 없어 각 세제의 장점을 그대로 살려준다.

EM 원액
Effective Micro-Organisms

'유용 미생물'이란 뜻으로 일반적으로 효모, 유산균 등 80여 종의 미생물이 들어있어 항산화 작용 및 악취 제거, 금속과 식품의 산화 방지 등에 효과적이다. 발효액을 만들어 물에 희석해서 사용하기도 하고 분말에는 원액을 그대로 첨가한다.

녹차추출물
Camellia Sinensis Leaf Extract

차나무의 잎을 에탄올, 부틸렌글라이콜(사탕수수를 발효시켜 추출하는 유기 알코올의 일종)혼합액으로 추출하여 얻는다. 산화방지제 및 습윤제, 유연제로 사용한다.

Laundry Powder 가루 세탁세제

◦ 분량: 418g ◦ 추천 사용기한: 2년

Ingredients

구분	재료	용량
분말	탄산수소나트륨(베이킹소다)	200g
	과탄산소다	200g
	구연산나트륨	5g
액상	EM 원액	5g
	코코글루코사이드	5g
	에센셜 오일	3g

Recipe note

◦ 코코글루코사이드는 코코넛 오일에서 유래된 계면활성제 성분으로 물과 기름 그리고 노폐물을 섞이게 해서 세정하는 역할을 합니다. 석유계 합성 계면활성제를 대체하는 용도로 많이 사용되는 순하고 안전한 성분입니다.

◦ 향을 더하고 싶다면 에센셜 오일을 첨가합니다. 항균 작용을 하는 레몬, 라임, 유칼립투스 등을 추천해요.

Equipment

0.1 저울, 볼, 비커, 거품기 또는 주걱, 쟁반, 용기, 소독용 에탄올

Process

1 분말 재료와 액상 재료를 각각 섞는다.
Tip 모든 도구와 용기는 미리 소독용 에탄올로 소독한 후 말려두세요.

2 액상 재료를 분말 재료에 붓는다.
Tip 향을 원하면 에센셜 오일을 첨가하세요.

3 거품기나 주걱으로 덩어리 지지 않게 골고루 섞는다.

4 쟁반에 넓게 펼쳐서 수분감을 날린다.

5 체에 곱게 거른 뒤 소독한 용기에 담는다.
Tip 습기가 우려되면 실리카겔을 넣어 보관하는 것을 추천합니다.

How to use

◦ 세탁세제 입구가 아닌 세탁물 넣는 곳에 함께 넣고 사용하세요.

◦ 10kg 드럼 세탁기 기준 소주잔 한 컵(50mL) 분량이 적절해요.

◦ 40~50도 이상의 미지근한 물 사용을 추천해요. 과탄산소다는 찬물에 녹지 않고, 지나치게 뜨거운 물에는 수산화이온이 기화할 수 있어요. 찬물에 빨래를 할 때는 미리 세제를 녹여서 세탁물과 함께 넣어줍니다.

1

2

3

4

5

Safety note

☑ 세탁 전에 산소계 표백제 사용 가능
여부를 확인하세요.

 사용 가능: 물빨래 가능 의류, 삶아도 되는
 의류, 면, 마, 합성섬유

 불가능: 물빨래 불가능 의류(모, 견, 가죽,
 실크), 금속염료로 나염한 의류, 중성세제
 사용 의류, 염색이 빠지는 의류

☑ 락스 등의 염소계 표백제와 절대 함께
사용하지 마세요.

☑ 활성산소 발생으로 용기 팽창의 우려가
있으니 너무 꽉 밀폐하지 마세요.

액상 세탁세제

Laundry Detergent Liquid

시판 세탁세제에서 주로 사용하는 석유계 합성 계면활성제는 물에 분해되지 않고 독성이 강해 수질을 오염시키고 생태계를 위협합니다. 반면 식물에서 추출한 식물유래 계면활성제는 미생물에 의해 대부분 분해되어 친환경적이며 피부 자극을 줄일 수 있습니다. 이 외에도 화학방부제, 형광증백제, 염소표백제, 실리콘, 인산염 등 피부에 자극을 줄 수 있는 화학성분을 배제하고 피부에 순하고 환경을 오염시키지 않는 세제를 만들 수 있어요.
포타슘코코일글리시네이트는 코코넛 열매에서 추출하는 식물성 계면활성제로 세정력이 뛰어나고 98%에 달하는 생분해성을 가지고 있습니다. 서로 만나면 더 강력한 시너지를 만들어내는 식물성 계면활성제를 넣어 간편한 액상 타입의 세탁세제를 만들어 보세요.

Laundry Detergent Liquid
액상 세탁세제

◦ 분량: 405g ◦ 추천 사용기한: 3개월

Ingredients

구분	재료	용량
계면활성제	라우릴글루코사이드	60g
	코코글루코사이드	60g
	포타슘코코일글리시네이트(PCG)	100g
	애플워시	40g
액상	정제수	110g
	글리세린	10g
	녹차추출물	15g
분말	탄산수소나트륨(베이킹소다)	6g
	구연산나트륨	2g
향	에센셜 오일	2g

Recipe note

○ 라우릴글루코사이드는 EWG 1등급의 안전한 성분으로 민감성 피부 또는 유아들의 약한 피부에도 적합해요. 애플워시, 포타슘코코일글리시네이트 등의 음이온 계면활성제와 혼합해서 사용할 경우 거품 형성 능력 및 세정력을 높일 수 있습니다.

○ 향을 더하고 싶다면 에센셜 오일을 첨가합니다. 항균 작용을 하는 레몬, 라임, 유칼립투스 등을 추천해요.

Equipment

0.1 저울, 비커, 막대 또는 스푼, 용기, 소독용 에탄올

Process

1 소독한 비커에 계면활성제 재료를 모두 넣고 섞는다.
   Tip 모든 도구와 용기는 미리 소독용 에탄올로 소독한 후 말려두세요.

2 다른 비커에 정제수와 분말 재료를 모두 넣고 섞는다.

3 2에 글리세린, 녹차추출물, 에센셜 오일을 넣고 섞는다.

4 계면활성제가 든 1의 비커에 3을 넣고 잘 저어서 섞는다.

5 소독한 용기에 담는다.

How to use

권장 사용량

세탁기	빨래 5kg 기준 10mL 사용 권장
손빨래	물 5리터 기준 2mL 사용 권장

섬유유연제

Fabric Softner

섬유유연제는 빨래 후 옷감을 부드럽게
하고 정전기를 방지하는데 도움이 됩니다.
하지만 인위적으로 섬유를 코팅하는
합성물질과 과도한 향료 사용으로
알레르기를 일으키는 사례가 많아요.
알칼리 세제를 중화시키는 구연산과
탈취 효과가 있는 EM 효소를 넣어
피부에도 순하고 환경을 오염시키지
않는 섬유유연제를 만들어보세요.
'EM'은 유용한 미생물(Effective
Microorganisms)을 뜻해요. 자연에서
유래한 효모, 유산균, 광합성 세균 등
유익한 미생물을 조합해 배양한 것으로
살균, 악취제거, 세척 등 다양한 용도로
사용이 가능하답니다.

제로웨이스트 리빙

CHAPTER 3

Fabric Softner 섬유유연제

◦ 분량: 252g ◦ 추천 사용기한: 3개월

Ingredients

재료	용량
정제수	200g
무수구연산	40g
EM 원액	10g
에센셜 오일	1~2g

Recipe note

○ 정제수가 없다면 정수를 사용해도 괜찮아요.

○ 물로 헹궈내는 세제와 달리 옷감에 성분이 남기 때문에 이염의 우려가 있는 에센셜 오일의 사용은 피합니다. 투명하거나 깨끗한 향의 사용을 추천해요.

○ 섬유유연제 추천 에센셜 오일: 라벤더, 제라늄, 레몬, 팔마로사, 일랑일랑, 만다린

Equipment

0.1 저울, 용기, 막대 또는 스푼, 핫플레이트, 소독용 에탄올

Process

1 소독한 용기에 무수구연산과 EM 원액을 넣고 섞는다.

2 용기에 에센셜 오일을 첨가한다.

3 40~50도로 데운 정제수를 병에 붓는다.

4 잘 저어서 무수구연산 가루가 보이지 않고 완전히 녹으면 바로 사용할 수 있다.

How to use

○ 사용량은 일반 유연제와 동일합니다. 10kg 세탁기 기준 소주잔 한 컵(50mL) 분량이 적절해요.

○ 구연산수는 유효기간이 그리 길지 않아 적정량만 만들어 한 달 이내 소진하길 추천합니다.

○ 구연산은 산성 물질로 알칼리 성분인 과탄산소다나 베이킹소다와 섞으면 중화되어 효능이 떨어집니다. 세탁 시 함께 넣지 말고 반드시 마지막 헹굼 단계에 사용하세요.

설거지 비누
Dish Soap

설거지를 할 때 액체 주방세제를 사용하다 보면
일 년에 소주 컵 세 잔 이상의 세제를 먹게 된다고
해요. 시중의 주방세제에는 합성 계면활성제가
포함된 경우도 많아 잔류세제에 지속적으로
노출될 경우 인체에 해가 될 수 있어요. 비누
형태로 만든 설거지 비누는 액체세제에 비해
잔류량이 적은데다 코코넛 오일, 베이킹소다,
기름기를 제거하는 전분 등으로만 구성되어
안전하게 사용할 수 있어요.
세정력도 우수하지만 비누화 과정에서
자연적으로 생성된 글리세린이 손을 거칠어지지
않게 보호해줍니다. 순한 성분으로 일반 식기는
물론 유아 식기나 과일 및 채소 등의 세척에
모두 사용 가능해요. 설거지 비누를 만들 때
옥수수전분이나 베이킹소다를 첨가하면 기름때
제거에 효과적이고, 시나몬 가루를 첨가하면
항균력을 높일 수 있어요. 내리고 남은 커피
가루를 잘 말려서 넣으면 기름때 제거를 돕고 천연
연마제 역할을 합니다.

 **설거지 비누**

Ingredients

◦ 분량: 1kg ◦ 추천 사용기한: 3개월

재료	용량 1kg 기준
코코넛 오일	700g
피마자 오일	50g
가성소다	134g
정제수	262g(35%)
탄산수소나트륨(베이킹소다)	30g
옥수수전분	10g
에센셜 오일(레몬)	10g

Recipe note

○ 가성소다의 양을 줄이거나 오일을 더 많이 첨가하지 않고 용량을 지켜서 만들어주세요. 오일 성분이 남지 않고 비누화가 되어야 설거지할 때 세정력을 높일 수 있습니다.

○ 기름때를 흡착하는 옥수수전분과 세정에 도움이 되는 베이킹소다가 그릇의 기름기와 더러움을 제거합니다.

○ 입자가 작은 시나몬 가루를 첨가하면 살균 효과를 기대할 수 있어요.

○ 커피를 내리고 남은 커피 가루를 잘 말려서 첨가해도 좋아요. 1kg 기준 5~10g 정도 넣어주세요. 기름때 흡착을 도와 기름기가 많은 설거지에 좋습니다. 단, 가루가 잔여물로 남을 수 있으니 잘 헹궈주세요.

○ 향은 생략해도 괜찮지만 첨가한다면 살균력이 강한 레몬 에센셜 오일을 추천합니다.

○ 설거지 비누 추천 에센셜 오일: 레몬, 라임, 스위트오렌지, 그레이프프루트

Equipment	저울, 핫플레이트, 비커, 스푼, 온도계, 주걱, 핸드블렌더, 내열용기, 비누 몰드

Process

1. 정제수에 가성소다를 녹여 가성소다수를 만들어 놓는다.
   Tip p.169를 참고해 안전하게 작업합니다.

2. 비커에 코코넛 오일을 담고 핫플레이트에 녹인 후 피마자 오일을 넣고 섞는다.

3. 2에 베이킹소다와 옥수수전분을 넣어 섞는다.

4. 시나몬 가루나 커피 가루를 넣을 경우 3의 오일에 첨가한다.

5. 가성소다수와 오일이 35~40도가 될 때까지 식힌 후 가성소다수를 오일에 붓는다.

6. 핸드블렌더와 주걱을 번갈아 사용해 묽은 연유 같은 트레이스가 날 때까지 섞는다.
   Tip 가성소다수를 사용할 때나 비누액을 저을 때 튀지 않도록 주의합니다.

7. 원하는 트레이스가 나면 향을 첨가한다.

8. 몰드에 붓고 반나절 정도 굳힌다.
   Tip 포화지방산이 많은 레시피로 비누화가 빠르게 일어나고 온도가 상승하므로 큰 몰드보다는 작은 몰드에 담는 것을 추천해요.

9. 몰드에서 탈형해 그늘지고 통풍이 잘되는 곳에서 일주일 정도 건조한다.
   Tip 바로 사용이 가능하지만 건조를 거치면 조금 더 단단한 비누를 만들 수 있어요.

How to use

○ 미온수에 적신 수세미를 비누에 문질러 거품을 적당히 낸 뒤 설거지합니다.

○ 수돗물의 미네랄 성분으로 물 자국이 생길 수 있어요. 수돗물의 이온과 반응하는 현상으로 해롭지 않지만 최대한 물 자국이 남지 않게 하려면 설거지 후 바로 마른행주로 물기를 닦아주세요. 마지막에 구연산이나 식초를 넣은 물로 한 번 더 헹궈도 좋습니다.

고체 치약

Solid Toothpaste

우리가 매일 쓰는 치약은 대부분 튜브 속에
들어있는데, 이 튜브는 알루미늄을 비롯해서
여러 종류의 플라스틱이 혼합되어 만들어진
경우가 많아 재활용이 어렵습니다. 고체 치약은
플라스틱 포장이 필요 없을 뿐만 아니라 사용할
만큼 소분해서 간편하게 휴대할 수 있답니다.
시중의 치약은 액체화하는 과정에서 방부제나
합성 계면활성제가 첨가되어 장기간 사용하거나
고용량에 노출되면 각종 부작용이 발생할
수 있습니다. 고체 치약은 불필요한 성분을
덜어내고 식물유래 성분으로 만들어져 아이와
어른 모두 안심하고 사용할 수 있고 양치 후에도
텁텁함 없이 깔끔한 느낌을 줍니다.

제로웨이스트 리빙 CHAPTER 3

Solid Toothpaste 고체 치약

Ingredients

◦ 용량: 20g ◦ 추천 사용기한: 1개월

구분	재료	용량	대체 가능
분말	덴탈실리카 연마제	7g	
	탄산수소나트륨(베이킹소다)	1g	벤토나이트 클레이
	자일리톨	1g	
	죽염	1g	
	쟁탄검	0.2g	생략 가능
액상	애플워시	1g	
	글리세린	2g	
	버진 코코넛 오일	6g	
	에센셜 오일 (페퍼민트 또는 스피어민트)	1방울	

Recipe note

○ 덴탈실리카 연마제: 이산화규소가 주성분이며 입자의 크기에 따라 연마제와 점증제로 나뉜다. 연마제 타입은 저자극, 저마모로 치아의 손상을 최소화하여 충치를 예방하는 효과가 있다.

○ 탄산수소나트륨: 치아미백과 세정 및 연마기능을 한다.

○ 자일리톨: 충치 예방에 도움을 주는 천연 감미료. 주변의 열을 흡수하는 흡열성으로 청량감을 준다.

○ 죽염: 구강 내 박테리아 번식을 완화한다.

○ 쟁탄검: 점증제 및 유화 안정용으로 쓰인다.

○ 애플워시: 사과의 즙에서 나온 아미노산과 코코넛 애시드 클로라이드를 압축하여 나온 소듐염이다. 음이온 계면활성제로 PH 6.5~7.5의 중성을 띤다.

○ 코코넛 오일: 살균 효과가 있어 충치의 원인이 되는 박테리아 제거에 효과적이다.

○ 글리세린: 수분이 날아가는 것을 방지하는 습윤제.

○ 페퍼민트 또는 스피어민트 에센셜 오일: 쿨링감과 세정감을 주며 방부제 역할을 한다.

○ 분말에 벤토나이트 클레이를 추가하면 중금속과 같은 독성을 흡착하고 착색치아를 깨끗하게 하는 미백효과가 있다.

Equipment   0.1 저울, 비커, 핫플레이트, 막대 또는 스푼, 용기, 소독용 에탄올

Process
1 모든 도구와 용기는 소독용 에탄올로 소독한 후 말려둔다.
2 비커에 분말 재료와 액상 재료를 각각 계량해 담는다.
3 분말 재료가 담긴 비커에 액상 재료를 붓고 잘 섞는다.
4 코코넛 오일을 녹여서 3에 붓고 골고루 잘 섞는다.
5 반죽이 하나로 뭉쳐지면 손으로 떼어내 콩알 사이즈로 동그랗게 만든다.
   Tip 용기에 실리카겔과 같은 제습제를 동봉해 보관하는 것을 추천해요.

How to use   ○ 고체 치약 한 알을 몇 번 씹다가 칫솔질 후 헹구어내세요.

Eco-friendly Living Item

팅처는 보드카, 소주, 에탄올 등을 사용해 허브의 유용한 지용성, 수용성 성분을 우려내는 방법이에요. 인삼주 같은 약술을 만드는 방식과 동일하다고 보면 됩니다. 보통 4~8주 정도 우려낸 뒤 알코올의 도수에 따라 정제수를 희석해서 사용하기도 합니다. 다양한 재료를 활용할 수 있는데 벌레 퇴치와 항균 효과가 탁월한 시나몬(계피)을 활용해 시나몬 팅처를 만들었어요. 시나몬에 있는 신남알데히드와 유게놀이라는 성분은 진드기를 퇴치하고 예방하는 역할을 합니다. 집먼지 진드기는 집 안 섬유조직에 붙어 지내면서 비염 뿐 아니라 천식, 아토피 등의 각종 피부질환을 일으킬 수 있어요. 스프레이형 살균제의 경우 인체 흡입 우려가 높고 피부에 직접 닿을 수 있어 성분에 더욱 주의해야 해요. 시나몬 스틱, 시트러스 껍질 등을 활용한 항균 스프레이로 집 안 환경을 안전하게 관리해보세요.

Cinnamon Tincture 시나몬 팅처

시나몬 팅처

◦ 분량: 500mL ◦ 추천 사용기한: 2년

Ingredients

재료	용량
시나몬 스틱	10~15개
보드카	500mL
에센셜 오일	50방울(2~3g)

Recipe note

○ 보드카는 식물성 소독용 에탄올 또는 소주 같은 도수가 높은 다른 술로 대체할 수 있어요.

○ 시나몬 팅처에 레몬, 티트리, 유칼립투스, 로즈메리, 파인 등의 에센셜 오일을 첨가하면 항균력을 높이고 향기를 더할 수 있어요. 시나몬 팅처 100mL 기준 에센셜 오일 10방울을 넣어주세요.

Equipment

0.1 저울, 밀폐 유리 용기, 체망 또는 면보자기, 스프레이 용기

Process

1 시나몬 스틱을 흐르는 물에 깨끗이 씻은 후 물기를 말려서 준비한다.

2 열탕 소독 후 말린 유리 용기에 시나몬 스틱을 가득 채운다.

3 용기에 시나몬 스틱이 잠길 만큼 보드카를 가득 붓는다.

4 용기를 닫아 햇빛이 드는 창가에 두고 4주간 우린다. 단, 여름에는 반그늘에 놓아둔다.

5 고운 체나 면보자기에 거른 후 에센셜 오일을 첨가한다.
   Tip 에센셜 오일은 생략해도 괜찮아요.

6 액체를 스프레이 용기에 담는다. 만든 날짜를 기록하고 바로 사용할 수 있다.

How to use

○ 스프레이 용기에 넣어 항균 소독이 필요한 곳에 분사하고 진드기 사체가 남지 않도록 탈탈 털어줍니다. 침구, 베개, 소파, 카펫, 인형 등 집먼지 진드기가 서식하기 좋은 곳에 뿌려주면 효과적입니다.

○ 매트리스, 침구, 베개는 주기적으로 분무한 뒤 탈탈 털어서 햇빛에 건조하면 소독 효과를 높일 수 있어요.

○ 야외활동으로 진드기가 걱정된다면 캠핑이나 등산 때 입었던 옷, 신발 등에 뿌려줍니다.

○ 음식물 쓰레기 근처에 뿌리면 날파리 예방에 도움이 됩니다.

3

4

5

Safety note

☑ 패브릭에 너무 많은 양을
분사하거나 피부에 직접
분사하지 마세요. 밝은
천에 사용하면 색이 물들
수 있으니 주의하세요.

☑ 에센셜 오일을 첨가할
경우 공기 중에만
분사하고 반려동물이나
3세 이하 유아가 함께
있는 공간에서는 사용을
자제하세요.

Air Freshener

시나몬 스틱 방향제

Ingredients

재료	용량
시나몬 스틱	10~15개
에센셜 오일	10~20방울

Recipe note

효능별 에센셜 오일 추천

탈취	패출리, 레몬그라스, 유칼립투스
방충 효과	유칼립투스, 레몬그라스, 라벤더, 티트리
집중력 상승	레몬 , 로즈메리, 페퍼민트, 레몬그라스
스트레스 해소, 긴장 완화	스위트오렌지, 라벤더, 패출리
숙면	라벤더, 일랑일랑, 패출리, 로먼캐모마일

Equipment

컵 또는 병

Process

1 시나몬 팅처를 만들고 걸러낸 시나몬 스틱을 건조한다.

2 시나몬 스틱을 세워서 꽂을 수 있는 컵이나 병에 담고 에센셜 오일을 떨어뜨려 향을 낸다.

How to use

○ 에센셜 오일로 아로마테라피 효과를 볼 수 있어요. 향이 사라지면 다시 에센셜 오일을 떨어뜨려 계속 사용이 가능합니다.

Antibacterial Spray 시트러스 항균 스프레이

귤껍질을 손으로 짓이겨 보면 '미끄덩'하는 기분을 느낄 수
있지요. 또, 시트러스 과일 껍질을 집 안에 잠시 두기만 해도
청량한 향기가 공간에 채워져요. 레몬과 오렌지 등 시트러스
과일의 껍질에는 항균 및 항바이러스 작용을 하는 에센셜
오일이 함유되어 있기 때문이랍니다. 귤, 오렌지를 먹거나
레몬즙을 짜낸 후 무심코 버리게 되는 껍질은 살림에 다양하게
활용할 수 있습니다. 그중 천연 항균 스프레이는 간단하게
만들 수 있으면서 가정에서 안심하고 사용할 수 있어 추천하는
아이템이에요.

Process

1 포크로 시트러스 껍질에 구멍을 여러 군데 내서 향이 나게 한 뒤
스프레이 용기에 담는다.
Tip 로즈메리, 타임 같은 허브가 있다면 함께 넣어도 좋아요.

2 용기에 소주나 보드카를 부어 하루 정도 우려낸 뒤 시트러스
껍질을 제거하고 사용한다.

How to use

○ 탈취나 살균이 필요한 공간에 분무합니다. 특히 유해 미생물이
번식해 악취와 식중독을 유발할 수 있는 주방의 조리대와 싱크대
등을 안전하게 소독할 수 있습니다. 세면대, 냉장고, 쓰레기통
등에도 자주 뿌리며 관리합니다.

○ 항균 스프레이를 행주나 수건에 뿌린 뒤 탈취나 살균이 필요한
곳을 닦아줍니다.

FacialSteam 페이셜 스팀

아로마테라피에서 피부 관리에 도움을 줄 수 있는 에센셜 오일을
뜨거운 물에 넣은 후 향기 나는 스팀을 얼굴에 쐬는 페이셜 스팀
관리법이 있답니다. 주기적으로 모공을 열어 모공 속 피지 등의
노폐물을 제거하면 여드름을 막는 데 효과적이에요.
레몬, 귤, 오렌지 등의 시트러스 껍질에는 천연 아로마 성분이
있어 이를 활용해서 페이셜 스팀을 할 수 있답니다. 증기가
사라질 때까지 약 1~3분 정도 증기를 깊게 흡입하면 감기 예방에
도움을 주고 기분 전환에도 좋아요.

Process

1 포크로 구멍을 낸 시트러스 껍질을 대야에 넣고 뜨거운 물을
붓는다.
Tip 로즈메리, 타임 같은 허브가 있다면 함께 넣어도 좋아요.

2 물에서 20~30cm 거리를 두고 눈을 감은 채 얼굴을 가까이하고
증기를 마시며 호흡한다. 중간중간 더운물을 보충하며 1~3분간
수증기를 쐬고 마지막에 찬물로 세안해 모공을 조여준다.
Tip 일주일에 두 번 정도 세안 후에 하면 좋아요.

오일별 비누화 값
saponification value

오일	수산화나트륨(가성소다) NaOH	수산화칼륨 KOH
님	0.136	0.1904
넛맥버터	0.116	0.1624
달맞이꽃종자	0.136	0.1904
동백	0.1362	0.1907
라놀린	0 0741	0.1037
라드	0.138	0.1932
로즈힙	0.1378	0.1929
마이즈	0.136	0.1904
마카다미아넛	0.139	0.1946
망고버터	0.1371	0.192
머스타드	0.124	0.1736
면실유	0.1386	0.194
미강	0.128	0.1792
밀납	0.069	0.0966
밍크	0.14	0.196
보리지	0.1357	0.19
복숭아씨(피치커넬)	0.137	0.192
살구씨	0.135	0.189
스테아르산	0.148	0 2072
스위트아몬드	0.136	0.1904
시어버터	0.128	0.1792
쇼트닝	0.163	0.1904
아마씨	0.1357	0.19
아보카도	0.133	0.1862
에뮤	0.1359	0.1903
옥수수	0.136	0.1904
올리브	0.134	0.1876
올리브포머스	0.156	0.2184
우지	0.139	0.1946
월넛	0.135	0.189
위트점	0.131	0.1834

양귀비씨	0.138	0.1932
참깨	0.133	0.1862
카렌듈라	0.137	0.1917
카놀라	0.124	0.1736
코코넛	0.19	0.266
코코아버터	0.137	0.1918
콩	0.135	0.189
쿠쿠이넛	0.135	0.189
팜버터	0.156	0.2184
팜올레인	0.156	0.1879
팜	0.141	0.1974
팜커넬	0.156	0 2184
포도씨	0.1265	0.1771
땅콩	0.136	0.1904
피마자	0.1286	0.18
해바라기	0.134	0.1876
헤이즐넛	0.1356	0.1898
햄프씨드(대마)	0.1345	0.1883
호박씨	0.133	0.1862
호호바	0.069	0.0966
홍화씨	0.136	0.1904
타조	0.139	0.1946

가성소다 계산법

오일의 양과 해당 오일의 비누화 값을 곱하여 구한다. 여러가지 오일을 함께 넣는다면 각각의 값을 구해 모두 더한다.

오일의 양 x 비누화 값 = 가성소다의 양

오일의 양	비누화 값	가성소다의 양
코코넛 오일 650g	0.19	123.5
콩 오일 70g	0.135	9.45
피마자 오일 30g	0.1286	3.858
합계 750g		136.8

플라스틱과 유해성분에 자유로운
홈메이드 뷰티 & 리빙 아이템

제로 웨이스트 클래스

초판 1쇄 발행 2022년 8월 17일
초판 2쇄 발행 2024년 8월 19일

지은이 이윤
펴낸이 김영조
편집 김시연 | **디자인** 정지연 | **마케팅** 김민수, 조애리 | **제작** 김경묵 | **경영지원** 정은진
사진 CL 스튜디오
펴낸곳 싸이프레스 | **주소** 서울시 마포구 양화로7길 44, 3층
전화 (02)335-0385 | **팩스** (02)335-0397
이메일 cypressbook1@naver.com | **홈페이지** www.cypressbook.co.kr
블로그 blog.naver.com/cypressbook1 | **포스트** post.naver.com/cypressbook1
인스타그램 싸이프레스 @cypress_book | **싸이클** @cycle_book
출판등록 2009년 11월 3일 제2010-000105호

ISBN 979-11-6032-158-6   13590